リアル人生ゲーム
完全攻略本

架神恭介／至道流星
Cagami Kyosuke　Shido Ryusei

★──ちくまプリマー新書
286

目次 ＊ Contents

第一部　説明書篇

架神恭介

0　登場人物紹介……8
1　これだから最近のゆとりどもは……9
2　『人生』の目的と勝利条件……16
3　寿命をお金に変換しよう……21
4　スキルを獲得しよう……27
5　激アツ確変で幸福点を稼ごう……32
6　実績を解除してトロフィーをゲットしよう……43
7　ボーナスタイム突入！
「おもいだす」コマンドでスコアを伸ばそう……50
8　裏パラメーター「タイプ」を見抜こう……57
9　チートダメ。ゼッタイ！　みんなのことを考えて健やかな『人生』
ライフを……63

第二部　攻略本篇

至道流星

第一章　基本条件
1　クラス……72
2　資産……97
3　早期リタイア……109
幕間――天界にて（架神恭介）……116
第二章　ライフイベント
1　結婚……119
2　離婚……125
3　子ども……128
4　大けが・うつ・病気……134
5　親の介護……140
6　遺産相続……145

7　年金生活……150
8　ゲームエンドの間際……155

第三章　ビッグイベント
1　日本国財政破綻……157
2　世界金融危機・大恐慌……172
3　企業の倒産……179
4　自然災害……182
5　戦争……189
6　人口減少……195
7　革命……202
8　シンギュラリティ……209

その後――神のゲームデザインを超えて（架神恭介）　217

第一部

説明書篇

架神恭介

0　登場人物紹介

【神A】若手のゲームプロデューサー。これまで温めてきたゲーム理論に基づき、圧倒的自由度をウリとする多人数参加型ゲーム『人生』を開発した。しかしその自由度の高さが災いし、プレイヤーたちから「よく分からん！」と苦情や嘆きが殺到。上司に睨《にら》まれる。

【神B】神Aの上司で部長。130億年前に『銀河』というゲームを開発した。星を生み出しては爆発させて銀河系を育てるだけのシンプルなクリックゲームにもかかわらず、多くのプレイヤーを熱狂させた（神Aは「他愛《たわい》のないゲーム」と見下しているが実は結構なヒット作）。

【ガブリエル】神Aの部下。主に告知担当。

1　これだから最近のゆとりどもは

「うぅーむ」

俺がモニター画面を前に頭を抱えて唸《うな》っていると、廊下からドシドシと大股で歩く足音が聞こえてきた。どんどん俺の部屋に近付いてくる。そろそろ来るだろうなとは思っていた。

「ちょっとキミィィ〜〜、見たまえよこれを！」

俺のオフィスに入り込むや否や、部長が手にした書類の束を机に叩《たた》きつけた。ちらっ、と視線を落とすと、「嘆き」や「神への祈り」などの文字が目に飛び込んでくる。俺はすぐに視線を外して、とりあえずスッとぼけることにした。

「ええっと、これは……」

「これは……じゃないよキミィイ‼　キミの運営している『人生』がクソゲーだって、プレイヤーから苦情が殺到してるんだよ‼」

部長がヒステリックに叫ぶ中、俺はこっそりとモニターの電源をオフにした。なぜって、まさにいま、俺も運営に寄せられた苦情の一覧に目を通していたからだ。プレイヤーどもから俺たち運営への苦情は毎日山のように届いている。

俺はスッとぼけて首をひねりながら上司の差し出した苦情の束を受け取り、斜め読みした。

そこにはいつもの見慣れた文言が並んでいた。


「神よ、私には分かりません。なぜ、真面目に生きている人たちが不幸になり、悪行三昧《あくぎょうざんまい》する者たちが富み栄えているのか」

「自分が何のために生まれてきたのか分からない。私には為《な》すべき事が何もない」

「金持ちの家に生まれる者がいる。容姿の麗《うるわ》しい者がいる。生まれた時から差を付けられている」

「真面目に努力してきたのに大地震が私から全てを奪った。神よ、私が何をしたというのですか！」


プレイヤーたちから寄せられる苦情はいつもこんな感じだ。ここ5万年ほど、俺は何度も似たような苦情ばかりを突き付けられてきたのだ。

部長が苦情の束を指差しながら、耳障りな高音で叫んだ。

「とにかくね！　一番多い苦情は、キミのゲームが分かりづらいってことなのよ！　ボクもちょっとプレイしてみたんだけどね！　なァ〜〜にが面白いのか、ぜんっぜん分かんなかったよ！　何がゴールなのかも分かんないし、どうすれば勝てるのかも分からないし！　何をするゲームなのかすら分かんないよ、こんなものゲームと言えないよ！」

俺は蔑《さげす》みを通り越して、憐《あわ》れみの眼差しを上司へと向けた。そんな旧態依然としたことをいつまでも言ってるから、この上司には革新的で先鋭的なゲームデザインができないのだ。

だが、俺は違う！

俺の作ったゲーム『人生』は、かつてない自由度の高さと、斬新なゲーム体験を提供する自信の最新作だ。

社内で企画が通ったのは46億年前。企画者でありプロデューサーであった俺は直ちにデータセンターに連絡して「地球」サーバをレンタルした。種族「アウストラロピテクス」や種族「ネアンデルタール人」でのβ《ベータ》テストを経た後（βテストにご参加頂いた皆さんありがとうございます）、満を持して種族「ホモ・サピエンス」を実装。約25万年前に正式稼働し、それから紆余曲折《うよきよくせつ》を経ながらもプレイヤー人口を着実に増やしてきたのだった。

だが、ここ最近、5万年ほど前から、先の「嘆き」や「祈り」などの苦情が急に増え始めてきたのだ。

俺に対し、部長が高圧的に言い放った。

「とにかくね！　もっとゲームを分かりやすくしなさいよ‼　ゴールをきっちり決めて、勝利条件をはっきりさせて、何を努力して何を楽しむゲームなのか、プレイヤーに分かるように説明しなきゃダメだよ、キミ！」

「お言葉ですが、部長」

俺は唾《つば》を吐き捨てたい気持ちをグッと押さえて、上司に抗弁した。

「46億年前にも企画会議でプレゼンした通り、本作のウリは高い自由度です。ゲームの勝利条件を探るところから既にゲームは始まってまして……」

「だからそれがダメなんだってば！　キミィ、見なさいよ、この苦情の山を！　とにかく、ゴールは分かりやすく、ハッキリ！　ゲーム製作の基礎だよ、基礎！　分かってる⁉」

俺は心の中で舌打ちをした。何が基礎だ。そういう常識に囚われているから、今の神業界では本当に斬新なゲームが生み出せないのだ。部長も130億年ほど前に『銀河』というゲームを作って小ヒットさせたが（俺の『人生』に比べれば他愛のないゲームだ）、それっきりロクなヒット作を作れていない。

「後ね、ゲームルール！　これも、もっときちんと伝えないと。ほら、プレイヤーみんな困ってるでしょ」

「いや、最近のプレイヤーはスッカリゆとりなんですよ。昔のゲーマーたちは自分でゲームルールを見つけて、攻略法だって編み出してたんですけどね……」

俺はそう反論したが、しかし、実際この問題には俺も困っていた。昔のプレイヤーは頑張っていた。自力で火を熾《おこ》す方法を発見したり、マンモスを倒したりしていた。なのに最近のプレイヤーにはゲームを楽しむ才能が全く無い。ちょっと分からないことがあったり詰まったりすると、ろくに考えもせずにゲームのせいにしてクソゲークソゲーと連呼するのだ。とんでもないゆとりどもだ。

「プレイヤーの質が変わったんなら仕方ないでしょ！　ちゃんと説明しなさいよ！」

「えええぇ。それじゃせっかくの自由度が……何も分からないところから頑張るのがこのゲームの醍醐《だいご》味《み》で……説明しすぎると、ひいてはプレイヤーの楽しみを奪うことにもなりかねず……」

「あー、もういいから、そういうの！」

部長はやれやれと言った素振りを見せて、それからとんでもないことを言い出した。

「よし、じゃあキミ、説明書を作ろうか」

「は？」

おいおいおい、何言ってやがる。こ、この老害が……！

「ゲームの目的から基礎的なプレイングまでしっかり説明するんですよ！」

「え、ええぇぇぇ」

じ、自由度という言葉を知らんのか……。それを見つけるところからゲームだと言ってるのに、ダメだ、全然伝わってない。思考が130億年前からコチコチに固まってやがる。

「あ、あのう。お言葉ですが、最近のゲームは説明書なんて作らないんですよ。プレイしてるうちに何となくゲームルールを覚えられるのが良質なゲームとされていて……」

「キミのゲームはなんとなくやっても分からないから、こんなに苦情が来てるんでしょ！御託《ごたく》はいいからさっさと説明書、作りなさいよ！」

「ええぇ……」

かくして、俺は部長に監視されながら、俺の最高傑作ゲーム『人生』の説明書を書かされることになったのである。ああ、くそったれ！　なんでこんなことになっちまったんだ！折角《せっかく》の俺の至高のゲームデザインが！

ちくしょう！　俺のゲームをクソゲー呼ばわりしてきたお前らプレイヤーのせいだかんな！　全部お前らのせいだかんな‼

2　『人生』の目的と勝利条件

『人生』の世界へようこそ！　ここではあなたは種族「ホモ・サピエンス」の１人としてゲームをプレイします。あなたは美味しい食事をしたり、生殖行為を行ったり、人から讃《たた》えられたり、自尊心を満足させることで「幸福点」を入手できます。ゲームオーバーになるまでに他のプレイヤーよりも多くの「幸福点」を稼ぎ、ハイスコアを目指しましょう！

俺が嫌々ながらここまでタイプしたところで、後ろから見ていた部長が素《す》っ頓狂《とんきょう》な声を上げた。

「そう、キミ！　これだよ、これぇ。ゲームに大切なのはまず『ルール』。ブロックを全て破壊するとか、魔王を倒すとか、分かりやすい目標をまず明示しないとね！　キミさあ、なんでこれ、最初からちゃんと書かなかったのよ」

「い、いや。ですから……ゲームの目的を探ることからしてゲームの一環でして……」

「でもこんなの分かんないでしょ！　ボクも昔、プレイしてみた時、全然分かんなかったよ！　もう、ぜんっぜんノーヒント、ワケ分かんない！」

「そ、そんなことないですよ！」

俺はイラッと来て部長に言い返した。

「幸福点をゲットするごとに、心や体が気持ち良くなるようにちゃんとプログラミングしてるんです。だから普通のプレイヤーは、自然と幸福点をゲットするようにプレイするんですよ！」

おれは小さく舌打ちしながら、ログを検索してみた。部長のプレイ履歴を確認してみる。

……3000年前にログインしてるな。ジョブ（職業）は……中東の小国の王様か。

えっ、妻が700人で妾《めかけ》が300人⁉　毎日贅沢三昧《ぜいたくざんまい》して、めちゃくちゃ楽しんでるじゃねえか。

あれ？　おい！　コイツ、プレイヤーのふりして運営に苦情送って来てやがる！「何やっても虚しいしクソゲーだと思います」だと⁉　う、うぜえ。

だが、この事実からもハッキリと分かった。

やはりプログラム自体は正常に機能している。部長もなんだかんだ言いながらそれなりに幸福点を稼ごうとしていたし、やっぱり普通にプレイしていれば自然と幸福点を求めるように行動するものなのだ。

ただ、幸福点を稼ぐことこそがゲームの「目的」だと意識しているプレイヤーは少ないのかもしれない。その意識が欠けているから、いまいち戦略的なゲームプレイができていない、というのはあるかもしれないな……。

俺はウィンドウを切り替えて、幸福度スコアアタックレコードをちらと確認した。ここには歴代のプレイヤーが稼いだベストスコアが並んでいる。

1位に君臨する男の名を見て、俺は小さく舌打ちした。2500年前からずっとコイツが首位に居座ってやがる。プログラム上のバグを発見して悪用し、ゲームデザイン全体をブチ壊そうとした、とんでもねえチート野郎だった。

コイツがいつまでも首位に居座っている現状もこれはこれで問題だと思う。

確かに、ゲームの目的が明らかになれば、みんなもっと精力的に幸福度スコアアタックに乗り出して、このチート野郎を首位から追い落としてくれるかもしれない……。

まあ、それはそれとして、やっぱり説明書を書くのは嫌なんだけれども。説明過多は俺のゲーム美学に反するんだよな。ええっと、次に書くべきことは……。ああ、あれだ。でも、これ見たら、また部長がグチグチ言うんだろうなあ。

俺は溜息《ためいき》を漏らしながら説明書の続きをタイプした。


ゲーム開始時に、あなたは一定ポイントのリソース（資源）を自動的に入手します。それは「寿命」です。「寿命」は時間経過により減少していき、ゼロになった時点でゲームオーバーとなります。ただし、他にも不摂生や病気、怪我など様々な要因で寿命は減少しますので気をつけて下さい。

幸福点をたくさん稼ぐ第一のコツは寿命を伸ばすことです。初期の「寿命」リソースはランダムで決まりますが、摂生や健康管理などにより、初期ポイントの低かったプレイヤーでも長くゲームを楽しむことができます。また、ホモ・サピエンス全体の「医療スキル」レベルを上げることで、「寿命」リソースを増やすこともできます。


「ちょっとキミねぇ」

ほら来た！

「この寿命ってのさ、かなり重要なリソースじゃん？　なんでこういう重要なところをランダムにしちゃうの？　ていうか、全体的にスタート時点でのランダム要素多すぎじゃない？容姿とか資産とかさ。その点の苦情もいっぱい来てるんだよ？」

「いやいやいや、部長」

部長のあまりにも浅薄《せんぱく》なゲーム評に、俺は冷笑を浮かべて答えた。

「部長、ゲームにはランダム要素が重要なんですよ？　良いプレイングをした人が勝てるゲームってのは、公平なようでいて息が詰まるんです。こういうランダム要素が適度に介在することで、プレイヤーはゲームをより気軽に楽しめるんです」

何もかも公平にしてしまえば勝ち負けは完全に実力勝負になってしまう。そうなると、もう弱いプレイヤーはひたすら負け続けるだけだ。目先の公平さだけでなく、こういう深いところまで考えて俺はゲームをデザインしているのだが、ハッ、所詮《しょせん》、部長のコチコチ頭では分からんか。

と、そんな思いがつい表面に出てしまい、俺がフフンと鼻で笑うと、部長が途端《とたん》に顔を真っ赤にして怒鳴り始めたので、俺は慌てて咳込《せきこ》むなどして誤魔化《ごまか》した。

3　寿命をお金に変換しよう

時間経過と共に減少していくリソースは2つあります。1つは先に挙げた「寿命」で、もう1つは「お金」（Ver.3.14より実装）です。ゲームを始めてからしばらくの間は（大抵の場合）「お金」リソースは減少しません。あなたの「家族」があなたの代わりに「お金」リソースを消費してくれるからです。

「お金」は一般的には「寿命」を消費することで入手できます。あなたの「ジョブ（職業）」により、「寿命」を「お金」に変換する際の変換効率が変わってきます。1時間の「寿命」を1000円にしか変えられない人もいれば、5000円や1万円に変えることのできる人もいます。

できるだけ変換効率の高い「ジョブ（職業）」に就くのが一般的な〝巧いプレイング〟となります。ただし、変換効率の高いジョブほど、要求されるスキルや名声、トロフィ

――などの条件が厳しくなります。

「この『寿命リソース』→『お金リソース』の変換がゲームの基本となります。……って、こんなこと、書かなくてもみんな分かってると思うけどなあ」

「いやいや、キミ。説明書は親切すぎるくらい親切でいいんだよ。ところで、『寿命』リソースが尽きるとゲームオーバーだとしてだ。この『お金』リソースが減少すると、どういう悪いことがあるのかね」

部長が素朴すぎる問いを投げかけてきた。

部長は以前にログインした時、初期ボーナスポイントをいじって王族としてゲームスタートしやがったので、カネに困るような経験をしていない。だから、そのへんのことが何も分かってないのだ。……まったく、なんてやつだ。運営がチートを使ってプレイするとか、あるまじき所業《しょぎょう》だ。おれが以前にいちプレイヤーとしてログインした時は大工の小倅《こせがれ》だったというのに。

「……ええっと。『お金』リソースが減少すると選択できるコマンドが限定されるんですよ。新スキルを得にくくなるし、『出会い』『結婚』イベントなども発生しづらくなります。基本的には『お金』リソースが多いほど、幸福点は稼ぎやすいです」

「ふむ……。じゃあ、『お金』リソースがゼロになったら?」

「『寿命』リソースが急激に減少してすぐにゲームオーバーになります」

いわゆる餓死というやつで、サービス開始直後からつい最近まで頻繁に発生していたが、一部地域ではようやくこれが解決され始めている。

「『寿命』がなくなってもゲームオーバーだし、『お金』がなくなってもゲームオーバーなのに、『お金』は『寿命』から作らなきゃならないのかい? なんて窮屈なゲームだ。そりゃあクソゲー呼ばわりされるわけだよ。紛《まご》うことなきクソゲーだ」

「ちょ……なんてこと言うんですか!」

またワケの分からない事を言いだした! おれはコイツにゲームの初歩から説明してやらなければならないのか⁉

「いいですか、部長! ゲームにはジレンマが絶対必要なんですよ‼ あれも大事、これも大事、でもどちらかを選ばなきゃいけない。その選択と判断にプレイングが絡んでくるんです!」

「フーン……」

「『寿命』は長くゲームをプレイして幸福点を稼ぐために絶対必要ですけど、『お金』もあった方が幸福点を稼ぎやすい。けど『お金』に変換しすぎても、今度は『寿命』リソースが足りなくなって、結果として『幸福点』を稼ぎにくくなる。そういうジレンマの中で良い塩梅《あんばい》を見つけて、ハイスコアを狙うのがこのゲームの醍醐味《だいごみ》なんですよ！」

「あのさあ、キミさ」

「はい」

「そもそもこの『寿命』って要素、必要なの？」

「はい？」

「別に強制ゲームオーバーにしなくても、飽きるまでずっと遊ばせてやればいいじゃないの。そしたらさ、ほら、『子作り』っていうイベントも削れるし、ゲームがグッとシンプルで分かりやすくなるでしょ」

クッ……またこういうことを……。

部長世代のゲーマーは、まだハードが貧弱だったから、複雑なゲームは遊べなかったのだ。そして、その頃の思い出を美化しているので、ゲームはシンプルならシンプルなほど良いと思っていやがるのだ。

「部長、さっきも言いましたけど、ゲームにはジレンマが大事なんです。選択肢がたくさんありすぎて一周プレイじゃとても全部網羅《もうら》できない、そういうゲームが今は奥深いとされて歓迎されるんですよ。あれもやりたい。これもやりたい。でも時間が全然足りない……。そのくらいが一番いいんです。実際にゲームオーバー後のプレイヤーの過半数が再プレイを望んでるんですから」

「ジレンマねぇ……」

おれの説得力溢《あふ》れる返答にもかかわらず、部長は首を傾《かし》げながら言った。

「ジレンマとか、そういうの本当に要るのかなぁ。ユーザーは延々とスコアを稼ぎたいって思ってるんじゃないかなあ」

やはり部長には分からんのだろう。おれの提案する奥深いゲーム性が。リソースが限定されているからこそ生まれる喜びや悲しみがあって、それがゲーム体験をドラマチックにするのではないか。

部長の作った『銀河』なんて、えんえんと、えんえんと、えんえんとポチポチ、ポチポチ、クリックし続けるだけで、まるでドラマ性というものがない。あんなものを延々と遊び続けてるやつらのことが全く理解できない。ただただ宇宙を際限なく膨張させるだけのゲームの何が楽しいんだ。

悲しみがあるからこそ喜びも生まれるのだ！

有限だからこそ選択する自由があるのだ！

まあ……確かに、「最低限の『お金』リソースを確保するために『寿命』リソースを使いすぎてて、ゲームの爽快感がまるでない」と訴えるプレイヤーたちもいる。結構いる。それは否めない。

自動減少するリソースの確保だけでゲームが終わってたら、そりゃあ自由度も低すぎるしクソゲーに感じるかもしれないが、でもそれは、個人のプレイングミスとか、ホモ・サピエンス全体のプレイングミスとかの結果であって、おれのゲームデザインに問題があるわけでは断じてないぞ。うん。

4　スキルを獲得しよう

プレイヤーが最初から所持しているスキルは「ラーニングLv1」「コミュニケーションLv1」のみです。

これらは新スキルを入手するための基礎スキルです。

プレイヤーは「寿命」と「お金」のリソースを消費することにより新スキルを入手できます。

「ジョブ（職業）」の多くは特定のスキルを要求してくるので、あなたの目指すジョブに合わせて、計画的にスキルを取得しましょう。

ジョブに就くことで、「寿命」→「お金」のリソース変換が可能になります。

さらに特定のジョブでは、このリソース変換行為を通じて新スキルを入手することもできます。

できるだけリソース変換効率の高いジョブを目指すのが基本ですが、最初は変換効率よりも新スキル入手に期待してジョブを選び、必要なスキルを入手してから、より変換効率の高いジョブへとジョブチェンジするプレイングも可能です。

また特定のジョブでは名声ポイントを得ることもできます。この名声ポイントが溜《た》まると、「政治家」などの特殊なジョブにジョブチェンジできるようになります。

「あのさあ、キミ、ダメだよ、これさあ」

「何がですか」

俺は苛立《いらだ》ち混じりの声で聞き返した。きっとまたどうせクソみたいなことを言ってくるに違いないのだ。

「キミ、これはチュートリアルが必要だよ」

ほら、クソみたいなことを言ってきた！

「部長！　繰り返しますが、本作の肝《きも》は圧倒的自由度です！　説明書だって作りたくないのに、チュートリアルだなんて……」

「キミ、スキルってさ、いくつあんの？」

「えっと………コミュニケーション、ラーニングから始まり、料理、語学、戦闘、政治、商業、天文、球技、ゲーム、音楽、数学、取引、作文、薬学、図書館技能、ダンス、デザイン、絵画、裁縫、農学………えーっと、ま、無数ですね。それらからさらにスキルツリーが伸びてて下位分類のスキルがあるので……ウン、無数ですね」

「いや、そんなにたくさんあってもさあ。選べるわけないでしょ。そもそもこのゲーム、プレイ始めたての頃はラーニングもコミュニケーションもレベルが低いんだから。ヘンテコなスキル振りしたら、いきなり詰んじゃうじゃん。ある程度、チュートリアルで導いてあげないとムリでしょ、これ」

「部長、お言葉ですが、実質的なチュートリアルはプレイヤーたちが自発的に生み出してるんですよ」

「えっ、そうなの？」

俺はふふんと鼻を鳴らした。

「はい。例えば、現代の日本サーバなどでは義務教育と呼ばれるチュートリアル期間が15歳まで存在し、ある程度まで画一的なスキル取得を行うよう、プレイヤー同士で取り決めてるんです。だから、あんまりにもピーキーなスキル振りしていきなり詰むことはそんなにないんですよ。そんなに」

「ふうん。でも15年分の『寿命』リソースの使い道が限定されるだなんて、自由度が低いよね。プレイヤーからの苦情でも『学校がつまらない』ってたくさん来てるし」

くっ……。

コ、コイツ！　なんで口を開くたびにクソみたいな妄言《もうげん》を垂れ流すのか。チュートリアルを作れだの、チュートリアルが長すぎて自由度が低いだの、言いたい放題だ。どうしろってんだ。

それに、実際この点に関しては、プレイヤーたちはよくやっていると思う。

ちょっと自由度高すぎたかな、と俺も正直思わんでもなかったが、プレイヤーたちもこの「自由度高すぎ問題」には早くから気付いていたのだ。なので古代社会の時代から、スパルタなどでは自主的チュートリアルを実施して、適切な基本スキルを新規プレイヤーに取得させてきたのである。

もっとも、その効果も時代と場所によったわけだが、昨今の義務教育はなかなか効果的に機能している。例えば日本サーバーのチュートリアルでは、新規プレイヤーの99%に「コミュニケーションLv2（読み書き）」を習得させることに成功している。サービス開始からの歴史を通してみれば、この数字は劇的なものであり、プレイヤーたちのプレイングがかなり洗練されてきたことが分かる。

「とにかく！　プレイヤーはちゃんと工夫してチュートリアルをやってるんです」

「まぁ……いいけどさ。で、結局、このスキルって何なのよ。このスキルを入手して、ジョブをゲットして、『寿命』を『お金』に変換するのは分かったけどさ。結局、全部、ゲームオーバーにならないための話で、肝心要《かんじんかなめ》の幸福点の稼ぎ方に全然繋《つな》がってこないじゃない。結局、どうすれば幸福ポイントをジャンジャン稼いでゲームが楽しくなるのよー？」

「そ、それはまさに次の『幸福点を稼ごう』で説明するんですよ！」

5　激アツ確変で幸福点を稼ごう

幸福点を稼ぐ方法は簡単です。

「寿命」から変換した「お金」を消費して、「美食」「アルコール」「性行為」などを入手し、消費しましょう。

気持ち良くなったり、嬉《うれ》しくなったりして幸福点を入手できます。

ただし、これらをあまりに消費しすぎると、お金リソースが急激に減少する他、バッドステータス「不健康」となり、「寿命」が減少しますので、注意しましょう。

俺はそこまで書いてから、そ〜〜〜っと部長の顔色を窺《うかが》った。

部長は俺の書いた説明書を何度か読み返してから、うん、うん、うん、と3回唸《うな》って、懐からスマホを取り出した。

「あ、ボクだけど。ウン……。例の『人生』の件ね。もはや救いようのないクソゲーであることが確定的に明らかとなったから今すぐサービスを中止して……。ああ、ウン。いつも通り、プレイヤーには7つのラッパでアナウンスを……」

「ちょぉおおお！！！」

俺は慌てて上司の手からスマホを奪い取って地面に叩《たた》き付けた！

と、突然、何を言い出しやがる、このクソ上司め！

「キ、キミねえ……」

あっ！ やっべ……。

クソが半ギレだ。

俺は慌てて、部長のスマホを拾い上げて、へけけ！ と笑いながら差し出した。

「す、す、すいません。急に手が滑っちゃいまして。へけけ！……け、けど、急になんであんなことを言いだしたんで……」

「いや、だって、キミねえ……」

ベキバキに画面の割れたスマホを受け取りながら、部長がこめかみに青筋を浮かべて言った。

「ボクも昔、プレイした時さあ。酒も美食もセックスも浴びるほどやったけど、全然楽しくなかったよ？　すぐ飽きちゃったし、虚しくなったよ？」

あっ……！

し、しまった、そうだった。

部長は3000年前にプレイした際、あるまじきことに初期ボーナスをいじって、知力ステータスをMAXにした上で王族として生まれて好き勝手に贅沢三昧《ぜいたくざんまい》しやがったんだ。

その上、いちプレイヤーのフリして、「何やっても虚しいしクソゲーだと思います」とかいう苦情を俺に送ってきやがったんだった！

「だからさ、あんなのがこのゲームの醍醐味《だいごみ》だって言うならさ、紛《まご》うことなきクソゲーだからサービス中止は必然……ていうか、クソゲー・オブ・ザ・コスモスの勢い……我が社の恥部……いっそキミもクビに……天界追放……堕天《だてん》……」

「ちょ！　ちょ！　ちょ！　ちょっと待って下さい！　も、もぉ～、やだなあ、早とちりですよぉ～？　幸福点の稼ぎ方は大きく分けて3つあってですね。さっきのはその1つに過ぎないっていうか、たははははは」

「なんだい、まだ続きがあったのかね。なら、早く続きを書き給えよ、キミィ～」

「あっ、は、ハイ！　そりゃもう、今すぐに……」

ぐ、ぐわ～～～～っ!?

か、書くしかないのか？

できれば誤魔化《ごまか》してこのまま終わらせたかったのに。

えっ、てか、マジでこれ書かなきゃいけないの？

このゲームのいちばん大事なところなのに？

えっ、えええええ～。芸人が自分で自分のネタを解説するような辛さがあるぞ……。

俺は震える手でタイピングを始めた。

マジか。マジでこれ書かにゃならんのか……。


他にも幸福点を稼ぐ方法があります。

習得したスキルを使用するごとに幸福点を獲得できます。


俺はチラっと背後の様子を窺った。

部長は腕組みしたまま画面を見つめながら、「ほほーう」などと明るい声を漏らしていた。

……ちょっとホッとした。何か通じるところがあったと見える。ふぅ。

そうなのだ。『人生』のようなキャラクター成長型のゲームで何が1番重要かって、習得したスキルがちゃんと役立つことなのだ。

リソースを消費して、せっかく努力して習得したスキルが、1度も使う機会がないとか、全然役に立たないとか、目に見えた効果がないとか、そういうのがゲームでは1番悲しいのである。

自分で選択して入手したスキルが真っ当に役に立つ。それだけでゲームは格段に楽しかったりするものだ。さらに……だ！

　スキルを使用して、「難しいが不可能ではないこと」に成功すると、獲得幸福点に倍率が掛かります。また、熟練度が溜《た》まり、スキルレベルも上がります。

ゲームの面白さの最も重要な要素は何か？

それは「難しさ」だ。

自分で選択したスキルをフルに使って難しい課題をクリアする。ゲームの醍醐味ってやつは突き詰めればここにあるわけだ。

そして、公共に寄与するような「有意義なこと」にスキルを使用すれば、「尊敬」や「名声」ポイントを獲得でき、自尊心を満足させることで、さらなる追加幸福点を獲得できます。

例えば、ジョブ「外科医」などが分かりやすい。選択して入手したスキル「手術」を使って難しい手術を成功させれば、自尊心が満たされ、高い幸福点を獲得できる。さらに熟練度が溜まることで「手術」スキルのレベルも上がり、「名医」「神の手」などの名声やトロフィーを得ることができるのだ。

部長はしばらく「なるほど」と頷《うなず》いていたが、しかし、急に首を傾《かし》げて聞いてきた。

「でもだよ、キミ。ボクがプレイしてた時は、インフラを整備したり、神殿を築いたり、有意義なことも結構してたと思うんだけど、大して幸福点を得られなかったよ？　バグってない？」

「いや〜、それはちょっと分かんないっすね」

実は理由は分かってる。部長は初期ボーナスポイントをイカサマしたからだ。ポイントは

「難しい問題を」「自分の選択スキルで解決すること」だから、チートしてた上司にはあんまり難しいことがなかったんだろう。愚かなやつめ。

「入手したスキルを用い」「難しい課題をクリアする必要があり」「その課題が有意義である」ようなジョブに就くと、「寿命」から「お金」の変換中にも幸福点を稼げるようになり、大変に有利となります。


「変換作業しながら幸福点も稼げるのかい！　ジョブにそんな意味があったとは！……あれ？　でもさ。プレイヤーの多くは『もっと休みたい』って言ってるけど、あれ、どうなの？」

「ああ、あれは幻想です」

「幻想なの⁉」

「実際、たくさん休んだって、バッドステータス『退屈』になるだけですからね。『退屈』はかなり重めのマイナス効果に設定してあるんです。休みの時に、自分で『やりがいのある楽しいこと』を設定できて、それに邁進《まいしん》できれば話は別ですが、大抵のプレイヤーにはそれを思いつく事ができません。少なくともバステ『退屈』を解除できるだけ、働いてる方がまだマシだったりもします」

そう。そして、「退屈」というバステを作ったことには意味があるのだ。ここからが俺のゲームデザインの真骨頂《しんこっちょう》なのだが……。

他者から成功を認められると、隠しパラメーター「やる気」にプラス補正が掛かり、新しいスキル習得や、別の「有意義だけど難しい課題」に挑戦しやすくなります。

そう、これが『人生』最大のウリ、「確変システム」だ。

1回成功して他プレイヤーから認められると、名声や賞賛による幸福点が継続的に入ってくるので、失敗を恐れることなく新スキル取得や次の「難しいけど有意義なこと」に挑戦することができる。

勝っているやつがさらに勝ち続けるシステム。既に幸福点をゲットしているプレイヤーが、さらにどんどん幸福点を稼いでいくシステムなのだ。

こういうことだ。何もしないとバッドステータス「退屈」に陥ってキツイので、何かやる。

それもできるだけ有意義で公共に寄与することをやる。そっちの方が幸福点を稼げるからだ。すると環境が良くなり、周りの人間にとっても幸福点が稼ぎやすくなっていく。これにより、種族ホモ・サピエンス全体、つまり、サーバのプレイヤー全体の幸福点が増大していき、どんどんハイスコアが更新されていく……。

俺の『人生』はそういうデザインのゲームなのだ。

各プレイヤーが自分のために幸福点を稼ぎまくるだけで、ワールド全体の幸福点が底上げされていく。我ながらなんと美しいデザインか！

「なるほどね、こういうゲーム性だったわけだ。言われてみると確かに結構楽しそうな気がするけど、プレイしてる時は1ミリも気付かなかったよ。……キミねぇ～。やっぱりダメでしょ～、こういう大事なことははっきり言わないとさ～」

こっちはあんまりハッキリ言いたくないのだ。第1に、そんな必勝法をゲームデザイナー自身が説明するなんてダサいし、第2に言わなくても自然と皆がそうするようにプログラミングしてるわけだし。

第3に……こういうのは、あんまり言ってもロクなことがない。実は俺も2000年ほど前に魔が差して1回やってしまったのだ。いまいちプレイヤーたちがシステムを理解してないから、いちプレイヤーとしてログインし、運営側の意向をそれとなく伝えようとTipsを呟《つぶや》いて回ったりしたのだが、周りの癇《かん》に障《さわ》ったのか、ひでえ目に遭わされて殺されてしまった。マジですげえ痛くって、もう2度とログインなんかしないぞと心に誓ったものである（友達への挨拶《あいさつ》を忘れてたので3日後にこっそり1回だけログインしたけど）。

俺のTipsは書籍にまとめられて世界的ベストセラーになりはしたのだが、なんか役に立ってるのか立ってないのか……。とにかく微妙である。やっぱりあんまり介入すべきではないと思った。

「ま、まあ、こういうシステムに自分で気付いて、そこから攻略法を編み出していくのもゲームの醍醐味なんで……」

「フーン……。ならさ、このハイスコア暫定《ざんてい》1位のプレイヤーさ。彼なんかはシステムをしっかり理解して攻略したわけね？……えっと、プレイヤーIDは……シ、シャーキャ……あれ？　でも、彼のプレイログ……。さっきキミが言ってたプレイングとは全然違うような……」

「ぶ、部長！　幸福点を稼ぐもう1つの方法について説明しますね！」

「えっ。でも、このプレイヤー、やっぱりなんか変っていうか」

「イベントをクリアするとトロフィーが貰《もら》えるんですよ！　これがお楽しみ要素となってましてね！」

「ウ、ウン……」

俺は慌てて話をずらして部長を丸め込んだ。あ、危ないところだった……。あれだけ言っておいて、暫定1位のプレイヤーが、俺のゲームデザインをガン無視して、バグ利用してハイスコアを叩き出したクソッタレのチート野郎だなんて部長に知れたら……。お、恐ろしい。

6　実績を解除してトロフィーをゲットしよう

『人生』では様々なグッドイベントやバッドイベントが発生します。ランダムで発生するものもあれば、適切な手順を踏むことで意図して発生させられるものもあります。そうしたイベントをクリアすることで内部的に「実績」が解除され、トロフィーを入手できます。このトロフィーは物理的なものではなく、精神的なものであり、あなたに自尊心や幸福点のボーナスを与えます。

一般的には「その社会においてみんなやっていること」「それをすると凄《すご》いと思われること」がトロフィーとなっています。

例えば、日本サーバにおいて、10代の男女が最も強い関心を寄せている実績解除は「性行為」です。

「性行為」「就職」「結婚」「子育て」「昇進」「甲子園出場」「議員当選」「直木賞受賞」

など無数の実績があります。どれも必要なプロセスを踏み、計画的に行動しなければ実績解除できません。基本的にはこれらの実績解除を目的にプレイすると良いでしょう。

「このゲーム、何をすればいいのか分からない、って声も確かにありますけど！」

俺は先の件から上司の気を逸《そ》らすべくハイテンションで言い立てた。

「いやいや～！　実はそんなことないんですよ！　このトロフィーシステムにより、プレイヤー各人が自由に目的を定めてゲームをプレイできるようになってるんです。例えばですね！『性行為』の実績を解除しようとするなら、日本サーバではスキル『コミュニケーション』を高める必要があります。下位スキルの『口説き文句』『ナンパ』も有効です。『容姿』ステータスが低いプレイヤーは『メイク』『ファッション』などのスキルを高めて補助する必要もあります。また、リソース『お金』を増やすことも『性行為』のためには非常に重要です」

「なるほどね、狙いたいトロフィーが明確になってれば、プレイングが具体的にイメージできるようになるもんだね」

「そそ！　そうなんです！」

「しかし、『性行為』の実績解除ってそんなに大変なことだったんだね？　ボクが前にプレイした時は、１００人単位で相手がいて全く苦労した覚えがないから分かんないや」

部長はチートプレイしてたからな……。

「けど、ちょっと気持ち良かったくらいで、そんなに幸せになった覚えもないけどなぁ。『性行為』ってそんなにいいものなの？」

まあ、実際、トロフィー獲得時の入手幸福点は人によって結構違ってたりする。それは隠しパラメーター、『タイプ』によるのだが……。

「ところでさ、『性行為』はともかく、『子育て』で幸福点稼げるのはなんでなの？　『子育て』してると、リソース『お金』と『寿命』がどんどん減っていくよね？　ゲーム上不利な効果しかない気がするんだけど」

ドキッ！

「や、やだなぁ、部長。考え方が逆なんですよ。『お金』と『寿命』をたくさん消費するから、その分、幸福点ボーナスもガッツリ稼げるよう設定してあるんですよ」

部長は俺の説明に納得したような、してないような、微妙な面持ちを見せている。

……実は全て運営上の都合だなんて言えないよな。

プレイヤーにダイナミックなゲーム体験を提供するため、嬉《うれ》しいこともあれば、悲しいこともあるようにゲームは設計されている。そして、悲しい方の最たるものが「寿命」リソースの枯渇によるゲームオーバーなのだ。ゲームにはタイムリミットがあった方が絶対にイイと思うので、これを設計したこと自体は正解だったと思う。

が、このゲームもプレイヤーが何度もリトライしてスコアアタックしてくれないと困るわけだ。

プレイヤーはたいてい「取得したスキルは引き継ぎでリトライしたい」と望むものだが、それを許すとゲームの寿命が大幅に縮んでしまう上に、周回プレイヤーが有利になりすぎてしまう。なので、『人生』では、プレイヤーは毎回経験値ゼロからのスタートということにして、代わりにホモ・サピエンス全体の文化レベルが上がっていくことで、継続要素が生まれるようにしたのだ。

経験値ゼロ状態……つまり赤ちゃんだ。

しかし、プレイアブルキャラクターをいちいち俺がキャラメイクするのもだるい。といって、プレイヤーにイチから作らせると、奴らはすぐに効率プレイに走るから、栄えているサーバ（国）に一極集中する危険もある。

そこで、新規プレイヤーやリトライプレイヤーのために、プレイヤーたち自身がプレイアブルキャラクターを生み出し、チュートリアルまでさせる仕組みを作ったのだ。つまり、「性行為」「出産」「子育て」だ。これをゲームシステムの根底に組み込むことを閃《ひらめ》いた時は、我ながら天才だと思ったものだ。

とはいえ、キャラメイクもチュートリアルもプレイヤーにとっては、「お金」「寿命」リソースをかなり消費してしまう。こりゃテコ入れしないと誰もやらないぞ、と思ったので、「性行為」をかなり幸福点高めに設定したり、「子育て」のトロフィー獲得時のボーナスを大きくしたのだ。

だから……まぁ。完全に運営上の都合だ。

特に「性行為」で得られる幸福点を高めに設定したので、これがつい最近までは上手《うま》く回っていた。「産めよ、増えよ、地に満ちよ」のスローガンもなかなか効果的に機能した（我ながら名コピーだった）。だが、ホモサピエンス全体の技術力が上がった最近になってから、困った現象が起き始めた。

「避妊」というプレイ上のテクニックが発見され、「性行為」での幸福点はえげつなく稼ぎながらも、「子育て」イベントを発生させないプレイヤーが増えてきたのだ。一部のサーバでは既にプレイヤー人口の減少が発生しており、由々しき事態となっている。

俺はそんなことを思いながら、次の一節を説明書に書き加えた。


特にオススメのトロフィーが「性行為」と「子育て」です。

比較的達成しやすい割に得られる幸福点が高く、全てのプレイヤーが目指すべきトロフィーです。

絶対にお得なので必ず獲得しましょう。


………完全に運営上の都合だ。

「というわけで、『性行為』も『子育て』もハイスコアを目指すなら絶対にオススメなんですよ」

「フーン……」

あ、あれっ？　部長の反応がおかしい……。

ハイスコアプレイヤーのプレイログを見ながらいぶかしげに首をひねっている。

「子育てとか結婚とかした方がハイスコア稼ぎやすいんだよね？」

「は、はい……。そうですけど」

「あのさあ。この暫定《ざんてい》1位のプレイヤー、生まれた子供を『邪魔者』と呼んで、妻と子供を捨てたってログにあるんだけど、これなに？」

「ぎゃあああああっ！！！」

俺は慌ててモニターの電源を落として部長の目からプレイログを隠した。

く、くそったれ……！　あのチート野郎、どこまで俺を困らせれば気が済むんだ！

思い返すに……アイツは本当に恐ろしいヤツだった。いちプレイヤーの分際でありながら、『人生』のプログラムを自力解析し、リバースエンジニアリングまで行い、ソースコードを一部盗み見やがったのだ。そして、異様なプレイングで幸福点を荒稼ぎし、あまつさえ、他のプレイヤーにまでバグ利用を勧めやがった。

ヤツの勢力が一時期猛威をふるった時は、

「終わった……このゲーム、終わった……」

と俺たち運営陣は絶望の淵《ふち》に沈んだものだった。幸いにも、ヤツのプレイングが凶悪すぎたせいか模倣者はさほど現れず、このゲームも最大の危機をなんとか乗り越えたわけだが
……。

7　ボーナスタイム突入！「おもいだす」コマンドでスコアを伸ばそう

突発的イベントはグッドイベントだけではありません。地震や台風などの完全なランダムイベントから、交通事故や経済破綻などのプレイヤー間のアクシデント、さらには戦争などのPvPが発生します。

これらによりリソースが減少したり、プレイング計画が狂ったり、幸福点が伸び悩んだりすることもありますが、それらへの対処もゲーム性のうちですので、プレイヤー自身で巧みに対処して他プレイヤーに差をつけましょう。

繰り返します。バッドイベントもゲーム性のうちです。決して運営側に文句を言わないで下さい。

よし。どうせ説明書を書かされるなら、俺だって言いたいことくらいは書かせてもらわないとな。しかし、まあ、当然ながら横で部長がブツクサと言ってきた。

「キミさあ。各自で対処ったたって限界があるでしょ～。『地震』のバッドイベントとか、必死に溜《た》め込んできた『お金』リソースが一発で吹っ飛んだりするし、やっぱりクソゲーなんじゃないの？　てか、なんであんなバッドイベント作ったのよ」

「そういう突発的問題を知恵と工夫で乗り切るのもゲーム性なんですよ！　実際、１人じゃ対応できなくても、プレイヤーたちは互いに協力してリスク分散するシステムを作ってたりするんです。『保険』っていうんですけど……」

まぁ……。正直、バッドイベントは俺の手に余っているところもある。

地震や台風にせよ初めから意図して組み入れたわけではない。地形や天候システムを作った結果、半ばバグ的に発生したものなのだ。直すためにはシステムを最初から見直す必要があり、予算オーバーだったので仕様にしてしまったのだ。

「地殻が動いてて、毎年地形が変わるとかメチャ面白くないっすか！　それで文化交流とか生まれるんすよ！」

と興奮して言ってきた部下のアイデアを、うっかり魔が差して採用してしまったあの時の俺をグーで殴りたい。

なので、地形も本当はもっとグニグニ動くはずだったのだが、エラー（地震）が発生しまくったので、移動スピードを減らしていった結果、ほとんど地殻移動は体感できなくなり、死に設定になってしまった。なのに地震エラーだけは発生するという……。最悪の設計ミスだ。

しかし、プレイヤーたちは、本当によく対応している。保険システムが本格的に整備されてきたのはつい最近になってだが、数千年ほど前から既にその萌芽《ほうが》はあって、彼らは海難事故や火災などの突発的リスクに備えてきたのだ。

プレイヤーの様子をモニターしてた俺も、

「あ、なるほど、こうやって攻略するんだ」

と、ちょっと感心してしまったくらいである。

「ウーン、『お金』リソースは保険で何とかなったとしても、実際さ、仲の良いプレイヤーが突然ゲームオーバーになったら落ち込むんじゃない？　スコアをバリバリ稼いでたプレイヤーでも、そういうのが1回あるだけでスコアが伸び悩むよね。苦情で1番多いのもやっぱりそれなんだけど」

「まあ、それは仕方ないっすよ。そういうゲーム性なんですから。あえて言うなら、『趣味』をたくさん持ってると対応しやすいですね。多趣味だと、そういう悲しいイベントが発生しても立ち直りやすいんですよ。……それも一応書いときますか」

「寿命」を「お金」に変換する「ジョブ」の他に、「趣味」を持つこともできます。「趣味」は「ジョブ」と異なりリソース変換は行なえませんが、「ジョブ」と比べて選択の余地が広く、入手条件も緩めです。ただし、一部の「趣味」は大量の「お金」リソースを消費します。

「趣味」にリソースを注ぎ込むことで幸福点やトロフィーを入手できる他、新スキルをゲットしたり、新たな「ジョブ」を獲得することもあります。

また、プレイ上の保険としての意味合いもあり、突発的バッドイベントにより、隠しパラメーター「やる気」が下がった時に、回復力を高める効果もあります。

リソースを「ジョブ」と「趣味」にバランス良く割り振るのがポイントです。

ただし、「趣味」を入手するためには「やる気」パラメーターが必要です。「やる気」が下がってから「趣味」を入手しようとしても遅いので、「やる気」があるうちに「趣味」を幾つか確保しておくことをお勧めします。

「あとさあ。ちょっと気になってたんだけど、『寿命』リソースがかなり少なくなってくると、最後、ロクに身体も動かなくなるじゃん。『お金』リソースだけ大量にあっても何もできないみたいな苦情もよく来てたけど、あれ、なんとかなんないの？」

「い、いや、あれもゲーム性のうちなんですよ。むしろ、そこで他プレイヤーと差を付けることができて……」

くっ。コイツ、鋭いところを突いてきやがる。

「た、確かに一見不自由にも見えますが、全員同じな訳ですから基本的な条件は同じなわけで……、別の角度から見ればむしろこれはボーナスタイムなんですよ！」

多くのプレイヤーは一定の「寿命」リソースを消費した段階で「リタイア」イベントを迎えます。

現在のジョブを失い、「スッピン」にクラスチェンジします。多くのプレイヤーは初期クラス「スッピン」から始まり、「スッピン」を最終クラスとします。

さて、ここまで巧《うま》いプレイングをしてきたプレイヤーであれば、「お金」リソースに余裕があるため、残りの「お金」「寿命」リソースを自由に使って、「趣味」にリソースを投入して幸福点を稼ぐことができます（この時のことも考えて、「寿命」リソースに余裕があるうちから「趣味」を幾つか確保しておきましょう）。

ただし、寿命リソースが残り少なくなると、行動力が格段に減少するため、自由度が大幅に下がり、思うように幸福点が稼げなくなります。

ですが、そうなってからが他プレイヤーと差を付けるチャンスです。コマンド「おもいだす」を使用することにより、過去に入手したトロフィーを確認し、幸福点ボーナスを得ることができます。

さらに、イベント「子育て」などをクリアしていれば、「おもいだす」が進化し、コマンド「武勇伝」が選択できるようになります。子や孫を相手に若かりし頃のトロフィー入手実績を尾ひれ背びれを付けて語ることにより、自尊心が高められ、さらなる幸福点ボーナスを得ることができます。

コマンド「おもいだす」「武勇伝」は「寿命」リソースが残り少ない状態でも使用することができます。リタイア後のボーナスタイムを有効に活用するためにも、「寿命」リソースに余裕のあるうちにできるだけトロフィーを入手しておきましょう。

まあ実際、「寿命」リソースが残り少なくなってから自由度が大幅に下がるのは、完全に想定外だった。自由度が下がったらすぐにゲームオーバーになるはずだから、いいや、と軽く考えていたのだ。それがワールド全体の文化レベルが上がった結果、まさかこんな状況になろうとは……。

まあ、「おもいだす」によるボーナス点を高めに設定したから仕様ってことで大丈夫だろう。うん。これもゲーム性だ。よし。

8　裏パラメーター「タイプ」を見抜こう

「……と、いうのが、まあ大体のトコっすねー」

「…………」

「……あの、これでもうイイっすかね？」

「あのさあ」

「はい？」

「なーーーんか、おかしい気がするんだよね。いや、やっぱり明らかにおかしいよ」

「…………」

「ていうのはさ、ボク、前に1度プレイしたわけじゃん？　お金リソースも潤沢《じゅんたく》で、毎日ご馳走《ちそう》食って、セックスしまくって、知恵を讃《たた》えられて、巨大建造物もガンガン作ったわけよ。今までの話だとさ、相当スコア稼いでてもおかしくないのに、ランキングは余裕で圏外じゃん？　実際、あんまり幸福？っていうの感じてなかったし」

「そ、それは、その……」

「キミさあ、まだなんか書いてないことあるでしょ」

くっ……！　やっぱり、コ、コイツ、意外と鋭い！

過去の小ヒットにあぐらをかくだけの無益な害虫、会社の寄生虫、若者の芽を摘む邪悪な老害と思っていたが、ちょっと認識を改めなければいけないのかもしれない。

し、しかし……あれを……書けというのか？　あれはもう説明書というか攻略本の範疇だと思うのだが。ええぇ……マジか。マジでここまで書けってのか〜〜??


以上が本作をプレイする上での基礎的な情報となります。

ですが、同じ快楽（性行為や美食など）を味わい、同じトロフィーを入手したとしても、そこから得られる幸福点はプレイヤーごとに異なります。

1つ1つの快楽やトロフィーには入手できる幸福点が設定されていますが、実際は、各プレイヤーの隠しパラメーター「タイプ」に従って、幸福点に倍率が掛かっているのです。

例えば、「汚い金持ち」タイプであれば、トロフィー「年収1億円突破」などで得られる幸福点に3・0倍などの高い倍率が掛かります。「汚い金持ち」タイプのプレイヤーは、普通のプレイヤーが年収1億を突破した時の3倍の幸福を感じるのです。

ですので、プレイヤーは自分の「タイプ」を見極めて、高い倍率の掛かるイベントやトロフィーを狙って行動するとスコアアタックの上では有利となります。

たとえば、「ロマンチスト」タイプや「芸術家」タイプのプレイヤーなら、海外旅行でブルージュやフィレンツェに行って芸術的遺産に触れることで高倍率の掛かった幸福点を得られます。一方で、「汚い金持ち」タイプの場合は、最貧困地域に行って貧乏人を嘲笑《あざわら》いつつ、豪遊して優越感を味わうことで高い幸福点を稼ぎ出すことができるのです。

「タイプ」は基本的には自分で選択することはできず、周囲の環境により決定します。家族や地域、学校、職場など、所属する集団によりタイプが変化することもあります。

タイプの自力変更は困難ですが、方法はあります。特定の宗教団体に加入し、「お金」リソースと「寿命」リソースを消費して、トロフィー「信仰」を入手することで、狙ってタイプを変化させることができます。

また、哲学や自己啓発セミナーなどでも同様の効果を得られることがあります。

「はぁあ……なるほどねぇ……」

部長が口をぽかんと開けてアホみたいな感想を漏らした。

「プレイしてた時はさ、なんか何やっても全然スカッとしないし、空しいし、これは救い難いクソゲーだと思ってたけど、なるほど、そういうカラクリを聞いたら納得できちゃうな～。ボクはそういうプレイングに向いたタイプじゃなかったわけだ」

「そ、そうですよ～。部長には部長の知性に見合った、もっと高尚な幸福点の稼ぎ方があったと思いますよ～」

部長のタイプは確か「ペシミスト」だったな。何をやっても幸福点が下がるタイプだったはずだ。初期ボーナスポイントが高いプレイヤーがなりやすいタイプだ。チートなんかするからだ。

ともかく、「タイプ」は『人生』をプレイする上での影の重要パラメーターなのだ。

これはアウストラロピテクスでクローズドβ《ベータ》テストをやっていた時に急遽《きゅうきょ》付け加えられた要素だ。というのは、同じイベントで同じ幸福点が一律に全プレイヤーに入ると、すぐに攻略法が固定化されてしまい、ゲームの寿命が甚だ短くなることがテスト中に明らかになったのだ（みんなマンモスの肉を食って性行為をしていた）。

実際、プレイヤーごとに隠しパラメーターのタイプを設定することで、同じことをやっても人によって獲得幸福点が異なるようになり、プレイヤー間で、あれがいい、これがいい、と議論が巻き起こり、プレイングが急速に多様化した。また、タイプの存在にうっすら気付いた勘の良いプレイヤーたちが、タイプを意識的に変更することを狙い始めて、それが「哲学」だの「宗教」だのといった形を取り始めた。ゲームに多様性が生まれ、プレイヤー間での議論も大盛り上がり。この隠し設定は見事なテコ入れとして機能したのだ。

……はぁ〜〜、やっぱり書きたくなかったなぁ。これ書いちゃうと、みんな効率プレイするようにならないかなぁ。まあでも、タイプ変更も狙ってやるのは難しいし、大丈夫かな？　それに部長の言うとおり、このくらい情報を与えていった方がスコアアタックも盛り上がるのかもしれない。暫定《ざんてい》1位のあのクソを早く誰か蹴落としてほしいんだよな！　ああ、クソ！　あのボケカスのことを考えると怒りがフツフツと沸《わ》いてきた……。

「ウンウン。説明書は、まあ、大体こんなもんでいいんじゃない？　これで大分分かりやすくなったと思うよ。キミも、まあ、色々思うところはあるだろうけどさ。これを公開してあげれば、プレイヤーもずっと遊びやすくなって、サービスも延命できるんじゃないかね」

「待って下さい、部長」

「？」

「あともうちょっとだけ……書き足しますよ。みんなが分かりやすいようにね」

もうここまで書いちまったんだ。ええい、ならもう俺だって書きたいことを全部書いてやる！　今後2度とあんなクソチート野郎が現れないようにな‼

9　チートダメ。ゼッタイ！　みんなのことを考えて健やかな『人生』ライフを

キョトンとする上司をよそに俺は黙々と怒りのタイピングを始めた。打鍵の一打一打に怒《ど》気《き》が漲《みなぎ》る。暫定《ざんてい》1位の極悪プレイヤーのアルカイックなニタニタ笑いが脳裏《のうり》をよぎる。ええい、くそ！　お前の一党、これで根絶やしにしてくれる！


最後に、運営チームから皆さんにお願いがあります。

本作『人生』には様々なイベントが発生します。良いイベントもあれば悪いイベントもあります。何もかも思うようにいくわけではありません。時にはひどく悲しいことやショックなこともあるでしょう。

しかし、それで正解なのです。

考えてもみてください。最初から何もかも上手《うま》く行くようなゲームが楽しいはずがありません。悲しいことや残念なことがあるからこそ、楽しさや嬉《うれ》しさもあるのです。

『人生』は、皆さんに嬉しさも悲しさも全てを提供します。そこにダイナミックなドラ

マ性が生まれるのです。思い通りにならないからこそゲームは楽しい。そのことを皆さんに分かって欲しいのです。

打鍵する俺の指先に更なる力が籠《こも》り、こめかみがひくつき始める。クソヤローに対する怒りが炸裂《さくれつ》する。

ですが、大変残念なことに、皆さんが楽しく遊んでいる『人生』を、自分勝手な気持ちで破壊しようとするプレイヤーが一部に存在します。

皆さんがゲームシステムに則り、幸福点ハイスコアを競っている一方で、プログラムバグを利用して桁違いのスコアを荒稼ぎしているプレイヤーがいるのです（悪用の恐れがあるためバグについての詳細は省きます）。

しかも彼らはバグ利用を積極的に広め、他のプレイヤーにも蔓延《まんえん》させています。当該プレイヤーに対して運営チームは何度も警告を行いましたが、一向に聞き入れようとしませんでした。

彼らのバグ技を利用すると、確かに多くの幸福点を得られますが、「性行為」や「子育て」など他の魅力的なイベントやトロフィーを得ることが何もできなくなります。
また、悲しさも嬉しさも感じなくなり、その結果として、ゲーム自体がどうでも良くなったり、ニューゲームを始めようという気持ちが失われます。

彼らは、皆さんの「幸福点スコアアタックをしたい！」という正当な気持ちを「煩悩」と呼び、まるで悪い事であるかのように喧伝《けんでん》しています。さらに、ゲームオーバー後にニューゲームをしないようにと呼びかけ、ゲームの放棄を「解脱《げだつ》」と呼んで称揚《しょうよう》しています。彼らに関わると、あなたのタイプが「菩薩《ぼさつ》」に変更され、まともなゲームプレイができなくなる可能性があります。

いずれもゲーム運営上、非常に問題のある行為であり、運営側にとっても紛《まご》うことなき迷惑行為です。また、プレイヤーの皆さんにとっても害悪以外の何物でもありません。バグを意図的に利用したプレイは罰則の対象であり、場合によってはアカウントの停止もありえます。

これらのバグ技の利用、ならびにバグ技を広めるシャーキャ（釈迦《しやか》、釈尊《しやくそん》、仏陀《ぶつだ》などの別名もあり）の一派には決して関わらないで下さい。

俺は息を荒らげながら打鍵を終えた。

「フーッ、フーッ！　よし！　じゃあ、部長、これでいきますか！」

「あ……ウン。なんか、すごい怨《うら》みのオーラが……」

「違います！　これは情熱です！　ゲームをみんなに楽しんでもらいたいという一念です！」

「そ、そうかい……」

俺は部下をピシッと指差した。

「じゃあ、キミ。後はよろしく！」

「分っかりましたー！」

運営からのお知らせを担当する部下、ガブリエルくんがサムズアップして元気に答えた。

「みんなプレイ中はゲームだって忘れてるからさ。大混乱が起きないように、お知らせの方法はよくよく考えてね」

「はっはー！　お任せ下さーい！」

うん。ガブリエルくんはいつも元気だな。俺は書き上げた説明書をメール添付《てんぷ》しながらしみじみと思った。説明書か。

まあ……。これはこれで悪くないのかもしれないな。説明書なんて、俺のゲーム美学的にどうかと思っていたが、やっぱりプレイヤーが楽しんでくれるのが一番だ。実際、苦情はたくさん来てて何とかしなきゃいけなかったわけだし、部長の無理強いが後押しになったところは、ある。俺もちょっと意固地になってたかもな。

「部長……」

「ん」

「あの……ありがとうございました」

「ハハハ！　キミ、問題はこれからだよ。『人生』がサービス継続できるかどうかはここからだからね。気張りなさいよ～！」

部長が俺の背中を叩《たた》いて、俺ははにかんだ笑みを浮かべた。これで、『人生』はきっと良くなる。今よりもずっと良くなる。俺はそんな予感を感じながら、小さくガッツポーズをした。

ところが、だ…………！

数年後――。

地上から取り寄せた書物の1ページ目を開いた瞬間に、俺と部長は揃《そろ》って頭を抱えて唸《うな》り声を上げげた。告知担当の部下ガブリエルくんの姿はない。今回の責任を感じて鬱病《うつびょう》になり、休業中だからだ。

俺たちの手に握られていた書籍の名は『リアル人生ゲーム完全攻略本』。その1ページ目にはこうあった。

「20XX年に引き起こされた天界生物種との第五種接近遭遇――、通称『ラッパ事件』はわれわれ人類に多大なるインパクトをもたらした。ラッパの轟音《ごうおん》を伴い、天を引き裂いて現れたガブリエルを名乗る人型知的生物。彼からもたらされた文書により、人類のアイデンティティは根底から覆され、混乱と暴動が数年間にわたり引き起こされた。幸いにも第三次世界大戦へと至る直前に人類は平穏を取り戻したが、われわれには一つの課題が残された。『ガブリエル文書』(通称『説明書』)をいかに評価し、受け取めるかという問題だ。各界識者の議論を経て、現在では文書の真実性・妥当性が概《おおむ》ね認められている。

だが、『説明書』に書かれた『ゲームルール』を真実と認めるにしても、この文書の内容自体を高く評価することはできない。有《あ》り体《てい》に言えば、『説明書』に書かれた内容はあまりに素朴すぎて、現代の複雑化した社会システムには十分に適用できないためだ。まるで使えない。我々人類としては、『クソゲーを作りやがった上にクソ使えない説明書を寄越してきやがった。おまけに告知方法もクソだった』と言わざるをえない。仮にこの文書が5万年前に配布されていれば、われわれ人類にとって大いなる指針となり得たかもしれないが、今や、その力はない。現代社会は『説明書』の記述者が想定しているものよりも遥《はる》かに複雑で奇《き》っ怪《かい》である。この現状では『説明書』通りの素朴なプレイングで勝ち抜けるはずがない！

ゆえに本書では、この世界がゲームであるという事実を認めながらも、これを現代社会に適用可能なまでにアップデートする。現代の状況に合わせて、より具体的に、より詳細に、このクソゲーの攻略法を記していく。本書が、現代社会でプレイを余儀なくされている諸君のための真に適切な『攻略本』となれば幸いである」

……俺は『攻略本』を手にしたまま、ぷるぷると震えていた。「まるで使えない」「5万年遅い」など言いたい放題だ。せっかく説明書を作ってやったのに、なんて奴らだ。

だが、確かに俺にも心当たりはあった。特にここ100年ほどだが、地上の様子をモニターしていてもプレイヤーたちが何をやっているのかよく分からないことがしばしばあったのだ。そして、俺たちはページをめくっていくたびに、その事実に直面させられていくのである……。

第二部

攻略本篇

至道流星

第一章　基本条件

1　クラス

最初にゲームフィールドを整理しよう。

この『人生』という名のクソゲーにログイン中のプレイヤーの総数は、２０１６年9月の確定値で74億78万６４９６人だ。このうち日本には、１億２６８３万のプレイヤーが存在している。

いまこの攻略本を手にしているということは、あなたは幸か不幸かすでにゲームを始めてしまっている1《いち》プレイヤーに違いない。楽しいゲームプレイが出来ているだろうか？　それとも、ご愁傷様《しゅうしょうさま》ですと申し上げたほうがよろしいか？

いずれにせよ、ゲームフィールドやルールについての認識を深めることで、このクソゲーをより戦略的に攻略できるようになるはずだ。神の著した『説明書』レベルの攻略法に甘んじることなく、この攻略本をしっかり読み込み、ぜひとも今後のプレイの一助としてもらいたい。

さて、ここでゲーム開始の時点から状況を確認していこう。

このゲームに新規登録してから15〜22年間は、大抵のプレイヤーが最初にチュートリアルをこなすことになる。このチュートリアルにおいては、基礎的なスキルと知識を身に付け、礼儀作法や社会に溶け込むための素養などを半ば強制的に学ばされる。この期間は採り得る選択肢は狭く、自由度も少ないなかでプレイを続けなくてはならないが、ここで培ったスキルや意志が、チュートリアルを終えたあとのプレイスタイルに一定の影響を及ぼすことになるだろう。

チュートリアル（学校教育課程）

日本におけるチュートリアルは、横並びで画一的な、比較的その後のプレイに参加しやすくなるような設計がなされている。

ごく一部の初期ボーナスポイントの高いプレイヤーを、スタープレイヤーに育て上げるような側面は薄い。多くのプレイヤーがゲームに溶け込むための均質化に重点が置かれており、プレイヤー間の格差はそれほど大きくない状態でチュートリアル後の「クラス選択」に向き合うことができるだろう。

また、上級チュートリアルとして大学が用意されているため、ここで差がつくと考えるプレイヤーも多いが、大卒は能力を保証するようなものでもなく、資格のように実用性を発揮するケースも極めて少ない。大学卒業資格についての、プレイヤーが得るメリットを強いて挙げるとすれば、以下のようなものにまとめられる。

自尊心を持てることにより、自信を持ったプレイに繋《つな》がる

東京大学を筆頭とする国立大学や、一部私立大学など、比較的偏差値が高いと言われている大学の卒業資格を持つことは、プレイヤーの自尊心を満たし、自信を持ったプレイをしていくことに繋がる。「自信」という前向きな意識が有効なプレイに繋がる場面は少なくない。『説明書』にて、隠しパラメーター「やる気」として書かれているものの一部である。

「サラリーマン」クラスの選択時には大きな力を発揮する

「サラリーマン」クラスを選択する際に、有名大学卒であれば、給料や条件が良い企業に採用してもらいやすくなる。リソース変換や新スキル入手において有利となる。

専門的なジョブを追究するためのステップになる

研究者になるため、あるいは専門職につくために、特定のスキルに特化して修得することができる。

自尊心が逆にプレイスタイルを狭めてしまう可能性もある

有名大学卒という自尊心の高まりによって、「リーダー」クラス（経営者など）を選択する場合には、創業時にハングリー精神が弱くなりがちだったり、逆境に脆《もろ》くなってしまう傾向がある。リーダープレイヤーは高卒・中卒が全体の44・32％を占めており（東京商工リサーチ「130万人の社長データ」）、次に大卒では日本大学出身プレイヤーが最も多い（帝国データバンク「2016年全国社長分析」）。

人脈が形成される可能性がある

チュートリアル期間に在学していた学校によって、その後の人脈に影響が出る可能性がある。均質化チュートリアルがなされる日本においてはそれほど重要な要素ではないものの、アメリカやフランスなど、国や地域によっては大きな違いとなって現れることもある。

チュートリアル期間で獲得できるトロフィーには、「受験の勝者」「高学歴」などがある。一応の目標として目指してみるのも悪くないが、あくまでもチュートリアルのトロフィーであることを忘れないように。本プレイはこの後なのだから。

なお、日本以外だと、チュートリアル期間で大きな格差がついてしまう傾向が大きい。エリートプレイヤーが政治経済に大きな影響を及ぼすアメリカや欧州では、エリートであるほどゲームプレイの自由度が広がってゆく。またアジアにおいての学歴競争はピークを迎えており、とりわけ韓国においては、チュートリアル期間でその後のプレイスタイルが絶望的なまでに固定化されてしまいがちだ。

一方、日本ではチュートリアル期間は1つの空間に押し込められて教育を施されることで、少なくない問題が発生するが、チュートリアル終了後のクラス選択以降における可能性の幅にはかなりの程度まで平等が保障されている。

また日本では知力面のみならず、精神面においても均質化チュートリアルが重視されることで、上位プレイヤーと下位プレイヤー間の格差が小さく、それゆえ社会全体でエリートプレイヤーという存在を生かしたプレイができない傾向が強い。このゲーム史上、最大級のイベントの1つだった第二次世界大戦においては、「日本軍は兵や下士官は勇敢なれど、士官は無能である」との言葉があった。エリート層が支配的だった旧日本軍の惨憺《さんたん》たる結末が、日本の傾向を何より鮮やかに示している。

1プレイヤーとして見れば歓迎すべきことでもあり、あらゆるプレイヤーに成功する機会や、復活するチャンスが与えられた国であると言えるだろう。

クラス

チュートリアル期間を終えた時点では、あなたはまだ一介の「スッピン」のままだ。スッピンとしてゲームをダラダラと続けるのも選択肢の1つだが、「ジョブ」(職業)に付かないと「お金」リソースの入手機会が乏しくなり、大半のプレイヤーにとっては基本的な生活を維持することも困難となる。また実践をこなしてプレイ経験を積み、各種スキルを得ないと、時間が経《た》つほどにジョブ選択の自由度が狭まり、ジョブチェンジに挑む機会も失われていくだろう。そのため大半のプレイヤーは、ここでジョブを選択するはずだ。

選択できるジョブの数はほぼ無数にあるが、本書ではそれらについて詳しく解説することはしない。ジョブの多様さに目を奪われてしまうと本質的なところを見逃すことになる。ここでは各ジョブをゲームプレイング上の観点から大きくくくりなおした「クラス」という概念で話を進める。

「クラス」はたった4つしかない。

（1）サラリーマン
（2）リーダー
（3）フリーランス
（4）ファーマー

これだけである。日本において何らかのクラスに従事しているプレイヤー総数は、5793万人。また、失業や病気などの事情で一時的に離脱していても、いずれクラスに復帰しようと考えている数まで含めると、6470万人となっている（総務省統計局「平成29年労働力調査結果（1月分）」）。

これらに該当しないプレイヤーは、以下の状態にある。

（5）スッピン

スッピンには、チュートリアル期間にある学生や、高齢のためクラスから離れた年金生活者、働かないで悠々自適に暮らしていける富豪、そしてホームレスなどまでが含まれている。要するに、未就労プレイヤーすべてである。

さて、話をクラス選択へと戻そう。

大半のプレイヤーは、クラス選択で何も考えずにサラリーマンを選びがちだし、サラリーマンとしてゲームを続けてしまう傾向を持っている。それも1つのプレイスタイルなのだが、社会変動の悪い影響を最も受けやすく、打たれ弱いクラスだということは把握しておくべきだ。

では次に、4つのクラスと、スッピンについての詳細を把握していこう。

（1）サラリーマンクラス

リーダープレイヤーに雇用され、リーダープレイヤーから求められる範囲で、自身の労

働力をお金に変換していくクラス

このクラスに就くためには、自分を雇用してくれるリーダープレイヤーを探す必要がある。自分を雇用してくれる可能性のある法人企業の総数は、現時点の日本では、261万6485社（国税庁「会社標本調査結果（税務統計から見た法人企業の実態）平成26年度版」）が存在している。この1社1社にリーダープレイヤーがいる（ただしより正確には、1プレイヤーが2つの会社のリーダーを担っていたりするケースもある。また、この数字に表れない公的な職場の雇用機会もある）から、特定の企業・業界によほど強いこだわりをもたない限り、雇用される機会を得るのは、そう難しいものではない。

次に、サラリーマンクラスは以下のように細分化することもできる。

公務員／大企業社員／中小企業社員／派遣社員／アルバイト

公務員・正社員・派遣・アルバイトでは、プレイの安定度が違うという意見も根強いが、高い次元から見れば、「リーダープレイヤーに雇用され、自分の労働力をお金に変換していく」ことに関して何ら違いはない。これらを区分しているように見える法的・制度的な枠組みは、政治的影響力を持つプレイヤーたちの思惑でたやすく変えられてしまうからだ。

このクラス最大の特徴は、「労働力を売りたい」と思っても、それがリーダープレイヤーから求められないものならば、お金に変換することはできないということだ。あくまでも、他のプレイヤーから仕事を与えられることでクラスの経験を積み、生計を立てていく立場であることを把握しよう。つまり、もっともプレイの自由度が狭く、景気変動の影響を受けやすく、得られる経験やスキル、トロフィーも控え目なクラスである。

［クラスメリット］

・プレイヤーの総数が多いため、身近に参照できるプレイスタイルが多くある。

・事業上のリスクを背負う必要はない。

［クラスデメリット］

・リーダープレイヤーの気分に立場が左右されがち。

・簡単に仕事環境が変えられない。

・労働力から変換できるお金の量は少なく抑えられてしまう。
・自分で仕事を創り出すわけではないため、経験・スキル・トロフィーが得にくい。
・景気変動の悪影響を受けやすい。
・引退時期が設定されていることが多い。引退時期に達すると強制的にスッピンになる。

(2) リーダークラス
サラリーマンプレイヤーを雇用して組織を統制し、自らの経済活動のリスクを背負って活動していくクラス

リーダークラスは、経営者や、代表取締役社長などの総称である。

一見、リーダープレイヤーは希少に見えるかもしれない。しかし実数としては200万人を超えているため、そこまで特殊なクラスというわけではない。

また、200万人のうちの大半は、サラリーマンプレイヤーとして経験値を蓄積し、リーダープレイヤーへのクラスチェンジを果たしている。もちろんいきなりリーダープレイヤーになることも可能だが、経験値が少ない状態で生き残れるのはよほどのスキルと意志が必要

になるであろう。

プレイヤー自身がミッションを創り出していくことになるため、創業時における負担は大きい。しかしミッションに成功した場合、上限なしにお金を稼ぎだすことができる。

何より特筆すべきは、リーダープレイヤーが持つ「めいれい」スキルの存在だ。この「めいれい」スキルを使用すれば、他プレイヤーを使役することができる。他プレイヤーを使役した状態で適正なビジネスモデル・ミッションを用意すれば、自分の寿命や労働力を温存しながら、お金を獲得することができるのだ！

温存された寿命は、さらなる事業拡大や、趣味の時間に投入することが可能となる。

ただしリーダープレイヤーとして失敗した場合には、背負ったリスク通りの悪影響を受けることになるし、最悪の場合、即座にスッピンとなることを迫られる。

このように、特殊スキル「めいれい」を所有し、成功と失敗の振れ幅が大きいリーダークラスだが、そのプレイスタイルは一括《ひとくく》りにできないほど異なっている。プレイスタイルごとに、大きくは次の３つに分類される。


資本家／オーナー経営者／サラリーマン経営者

資本家は、特定企業の株主として存在感を発揮するプレイスタイルだ。世の中の企業の多くは株式という形で売り買いされている。株を所有することは、会社を所有することだ。大株主という立場ならば、誰を社長にするか決めることも、会社名を変えてしまうことも可能だ。自分自身が企業の代表に就任することもできるし、他プレイヤーに「めいれい」することで代表を任せることもできる。また同時に、手持ちの資金が続く限り、何社もの株式を所有することで、それら複数企業を一気に支配することも可能となる。資本家は、その企業が上げた収益の一部を配当として受け取る立場となる。リーダークラスのなかでも、最も自由度の高い立場なのが資本家であろう。特筆すべきは、資本家は仕事をしてお金をもらう立場ではないということだ。「寿命をお金に変換する」という『説明書』に書かれた素朴なプレイスタイルとは隔絶した存在なのである。

オーナー経営者は、資本家自身が、自分が50・1%以上（あるいは66・7%以上という考え方もある）の株式を所有する企業の代表取締役（社長・会長など）に就任した場合のケースだ。代表に就任した以上、その企業のミッションに注力する必要があるし、一定の義務も発生してくる。それゆえ多くのオーナー経営者は、自分の会社と密接な関係性を持ち、会社のために全力を尽くすし、我が子のように会社を愛するようになることもある。

リーダークラスと言われるものは、ほぼ9割がたのケースで、このオーナー経営者と考えられる。

サラリーマン経営者は、文字通り、サラリーマンと経営者をブレンドしたような立場だ。自分自身はまったく株式を持たないか、それともほとんど影響力がない範囲内での株式しか持っていない。あくまでも資本家から「めいれい」されることで、経営者の立場を担うことができる。その意味からいえば、サラリーマンにかなり近いとも言えるだろう。

［クラスメリット］
・他プレイヤーの気分に左右されるケースは少なめ。
・お金を上限なしで手に入れることが可能となる。
・専用コマンド「めいれい」が使用できる。
・専用コマンド「節税対策」が使用できる。
・自由度や行動範囲が広がる。
・自分でミッションを創り出すため、ミッションに向き合う意識・意義が鮮明になり、経験やスキル、トロフィーが取得しやすくなる。
・あらゆるクラスに対する人脈が作りやすくなる。
・引退がない。気力さえあれば生涯仕事を続けることができる（ただし、「めいれい」スキルが強力な分だけ、組織全体にとっては老害化の危険性は高い）。

［クラスデメリット］
・失敗時のダメージは大きく、最悪のケースではすべてを失ってなお借金を背負うこともある。
・会社の借入金に対して、プレイヤー個人の連帯保証を求められるケースが散見される。
・スキルが低かったり悪運が積み重なる場合、なかなか収入を得ることができない。
・常に自分の会社を考える立場に立たされるため、精神面に負荷がかかる。
・全方位の業務を理解しておく必要がある（その分、経験やスキル習得にとってはプラス）。

（3）フリーランスクラス
組織に所属することなく、プレイヤー個人の能力でお金を獲得することが可能なクラス一個人の能力で、お金を獲得することが可能なクラスである。

個別のジョブとしては、弁護士や会計士、小説家や漫画家などがイメージされるだろうか。その裾野は広く、個人請負のプログラマー、イラストレーター、デザイナー、芸能人、音楽家など、専門職として各業界に深く根を下ろしている。政治家でさえ、大きな分類で見ればフリーランスクラスだ。また近年は、アフィリエイターやブロガーなど、ウェブ上だけで生計を成り立たせているプレイヤーもいる。

「フリーランス実態調査2016年版」（ランサーズ）によれば、プレイヤー数は1064万人。これは就労プレイヤー数の16％を超えるほどの数だ。しかしこのなかには、サラリーマンプレイヤーでありながら、副業として仕事をこなしているケースも見られ、実数としてはこれ以下だと想定される。

いずれにしてもプレイヤー数は大きく増え続けており、これには決して前向きなだけではない様々な事情がある。サラリーマンプレイヤーとして、リーダープレイヤーに「めいれい」されながら労働力をお金に変換していくよりも、得られるお金は少なくなってもいいから誰にも「めいれい」されたくないという人たちがフリーランスプレイヤーにクラスチェンジするケースが主流だ。もちろん高いスキルを保有しているがゆえ、サラリーマンプレイヤーからクラスチェンジすることによって、年収が数倍になるというケースもあるだろう。

日本ではいまいちメジャー化していないクラスではあるが、アメリカではすでに就労プレイヤー数の3分の1がフリーランスとして生計を立てているともいわれている。社会情勢がアメリカの後追いをすることも多い日本において、今後さらなるプレイヤー数の増加が決定付けられているクラスだと言えよう。

また、このクラスには、ジョブの種類が豊富だ。一部の主要ジョブについて次に書き出してみよう。

・士業（弁護士、会計士、税理士、司法書士、行政書士など、国家資格により収入を得るプレイヤー）
・クリエイター（芸能人、小説家、漫画家、音楽家、脚本家など、芸術・文化活動により収入を得るプレイヤー）
・自由業　第一種（政治家、フリージャーナリスト、ブロガー、アフィリエイターなど、従属先がないプレイヤー）

・自由業　第二種（プログラマー、ライターなど、支配的な上位者から収入を得るプレイヤー）

士業プレイヤーの弁護士や会計士が高給取りだった時代はあるが、わずかな期間でその実情は一変している。『弁護士白書２０１５年版』（日本弁護士連合会）によれば、国の政策により弁護士のプレイヤー数がわずか10年で１・６倍にまで増やされたが、裁判や法律案件は増えなかったために、その期間に平均年収が半分にまで落ち込むという過酷な現実に見舞われている。

リーダープレイヤーになる自信はないが、せめてフリーランスになることで、使役されるサラリーマンを脱したいと願うプレイヤーは多い。ただし、人が急激に集まる分野は、すぐに価格競争の世界へ突入してしまうことになるだろう。

また、国から与えられる資格に安易に乗っかってしまってはいけない。国の政策も、しょせん別のプレイヤーたちが集まり、談合や密談を通して決められた妥協の産物である。

フリーランスへのクラスチェンジを目指すなら、周りのブームには影響されず、「この分野なら誰にも負けない」という自信が持てる得意分野を持つことに注力するといいだろう。得意分野が複数にまたがれば、幾重《いくえ》にもリスクヘッジでき、不測の事態にも対応できるようになるはずだ。

［クラスメリット］
・自由である。「めいれい」される上位プレイヤーがいない。
・個人の知名度が仕事に繋がるため、有名になることが可能。
・特定の専門分野に特化して経験やスキルを積み重ねることが可能。
・お金を上限なしで手に入れることが可能。
・引退がない。気力さえあれば生涯仕事を続けることができる。

［クラスデメリット］
・失敗時のダメージはリーダークラスに比して小さいものの、しばらく無収入に耐えねばならない。
・スキルが低かったり悪運が積み重なる場合、いつまで経《た》っても収入を得ることができない。

・常に仕事を考える立場に立たされるため、精神面に負荷がかかる。
・専門分野に特化する分だけ、その分野の需要が消えれば、自分も運命を共にすることになる。

（4）ファーマークラス

どのような社会情勢にあっても、食糧生産を中心とした人間の生命活動維持のために絶対必要とされるクラス

プレイヤー間では、第一次産業として括られることもある。農業・林業・漁業のように、自然界のものを有用なアイテムに変換し、それでお金を稼ぐクラスである。

最も長い歴史を持つクラスだが（ゲームデザイナーはこのクラスを基本職として考えていた節がある）、人類の産業の進展に伴い、プレイヤーの多くがサラリーマンクラスやリーダークラスへと移行していった。製造業やサービス業のほうが付加価値が高かったためだ。そのため現代では片隅においやられたクラスであり、急激な衰退に見舞われているように見える。

農林水産省調査「農林業センサス」によれば、２０１５年時点で、２０９万人のプレイヤ

ーが農業に携わっている。数だけみればなかなかのプレイヤー総数がいるように見えるが、その実態はかなり歪《いびつ》だ。農業プレイヤーの平均年齢は66・4歳。サラリーマンであれば、とっくに引退している頃合いのはずだ。

年齢別の内訳においても、65歳以上のプレイヤーが64％を占める一方、39歳以下のプレイヤーは7％もいない。また、1985年には542万人がプレイしていた一大クラスだったにもかかわらず、総プレイヤー数はその半分以下にまで落ち込み、著しい高齢化に悩まされ、クラス全体として活力が急激に衰えているといえよう。

また、自然界を相手にしているだけに、ファーマープレイヤーにとっては、プレイヤー間で勝手に決められた休日などにそれほど意味はない。自然はプレイヤーの事情など斟酌《しんしゃく》してくれないからだ。農業であれば365日24時間、自分が管理する農作物の心配をせねばならず、天候や天変地異の影響を大きく受けてしまう。

さらに言えば、ファーマープレイヤーたちは国際競争にも晒《さら》されやすい。生産される物品において国家間の違いはそれほど大きくないので、価格が安いところからの商品流入には耐えられないのだ。

しかも、背負うリスクはリーダークラスと同等だ。

農業ならトラクターや肥料、漁業なら極めてコストの高い漁船、林業なら木材を運ぶトラックや伐採機材などを用意せねばならず、多大な自己負担を強いられる。にもかかわらず、過酷な労働環境や国際競争により、得られる果実はそれほど大きくないのもこのクラスの特性だ。高齢化著しいのも致し方ない状況にあるといえよう。少しでも収入を安定化させるために、ファーマークラスと、サラリーマンクラスを兼業するケースも見られる。

このように厳しいことばかりのようだが、このクラスの真価は平時にもたらされるものではない。国内の政治・経済・治安が安定していたり、戦争が行われていない状況においては、どうしても製造業やサービス業の付加価値が大きくなってしまう。逆に言えば、ファーマークラスの本領は、大きな治安の乱れや戦争時にこそ発揮されるものなのだ。世の中が厳しい状況になればなるほど、ある日ふと思い出したように、急激にその輝きを取り戻す。

あらゆるプレイヤーにとって、食は生存のために必要だ。平時には生産物が安く抑えられていても、ひとたび何らかの危機が長期化し流通が滞れば、たちまち生産物は高騰し、多くのプレイヤーたちの生活基盤を崩壊させ、その分だけファーマープレイヤーへ脚光が集まるようになる。

幸か不幸か、このゲームでは、必ず一定間隔で、治世の根幹を覆すようなイベントが発生するものだ。今後も戦争とは無縁でいられないのがこのゲームだし、経済基盤を崩壊させかねないような金融危機、首都機能を喪失してしまうような大災害イベントは突然起こるものである。それにともなう急激なインフレ、物流機能の瓦解《がかい》、貿易の中断などによる農産物の都市への供給ストップなどの事態において、ファーマープレイヤーは一気に時代の主役に躍り出るであろう。こうした想定しうる各種災害などのビッグイベントについては、第三章を参考にしてもらいたい。

［クラスメリット］

・従属すべきプレイヤーがいないので、人間関係が気楽でいられる。
・自分の生産物を消費することができる。
・政府からの補助金が多く割り当てられる傾向がある。
・ひとたび巨大な危機が発生すれば、時代の主役に躍り出る可能性を秘めている。
・引退がない。気力体力さえあれば生涯仕事を続けることができる。

［クラスデメリット］

・過酷な肉体労働を強いられる。
・失敗時のダメージは、リーダークラスと同等レベルに大きい。
・災害や何らかの事情によって収穫ができないと、収入を得ることができない。
・平時には生産物を買い叩《たた》かれる傾向がある。
・国際競争に常に晒されており、価格競争が激しい。
・自然を相手にしているため、プレイヤーの事情で休暇を取るというわけにはいかない。

（5）スッピン

労働参加をしていない状態にあるプレイヤーたちの総称。チュートリアル期間なども含む

人は誰でも、この状態を経験する。チュートリアル期間はこの状態だし、各種のジョブを引退して年金生活となれば、自然とスッピンに突入することになる。また、不意の大病などでジョブを離れることになってもスッピンとなるだろう。

厚生労働省年金局、平成27年12月「厚生年金保険・国民年金事業の概況」によれば、老齢

基礎年金（そのうち国民年金）を受給しているプレイヤー総数は、実に３０００万人にも及ぶ。このうちの大部分が就労せずスッピンの状態にあるため、その各種の社会保障費の負担は、就労プレイヤーにのしかかってきている。

また、14歳以下のプレイヤー総数は、おおよそ１６９０万人。加えて15歳から20代前半までは学生として過ごし、就労をしないといったプレイヤーも多い。

また、日本のプレイヤー総数から、現時点で就労をしているプレイヤーの数を引いて計算すると、６８９０万人ものスッピンプレイヤーが実在することになる。

また、スッピンには、一括りにできないほど多様なプレイスタイルがある。

素浪人（ニート）／配当、賃料での生活者／富豪／年金生活者／生活保護受給者／自給自足での生活者／解脱に成功した者／ホームレス

親の遺産で働かずに暮らしているプレイヤーもいる。ただし大部分は、年金生活者と学生で占められていると考えていい。

濃密なゲームプレイに参加していないため、プレイ経験を積みづらく、新たなスキルを獲

得しにくいのがスッピンの最大の問題かもしれない。

2 資産

クラスとならび、ゲームプレイに極めて大きな変化をもたらす要素がある。それは、プレイヤーが所有する「お金」リソースだ。

ゲームにおけるあらゆるアイテムは、プレイヤーが持つ「お金」と交換することで入手が可能となる。ゲームワールドのなかには膨大なアイテムが存在するものの、その価値指標は「お金」の額によって表されている。神は本来このような「価値の指標」と「交換の手段」として「お金」を用意したはずである。

しかし、現状ではアイテムのみならず、移動手段も、遊ぶのも、宿屋に宿泊するのさえお金が必要になる。それどころか、このゲームには、プレイヤー間で決められた各種のルールが設定されており、大抵の場合、「生きている状態」というだけでお金を支払う義務が発生してしまう。各種の税金、社会保険料、持ち家に住んでいるのであれば固定資産税……。この義務を果たさなければ、法を後ろ盾にした別のプレイヤーが取り立てにやってくることになるであろう。

この「生きている状態」だけでお金が必要という無慈悲な義務は、周到に考え尽くされた末にゲームワールド全体にくまなく張り巡らされている。プレイヤーはお金に隷属《れいぞく》した存在であり、この事実はつまり、お金を創り出すポジションに立てるごくごく一握りのプレイヤーに、ほとんどのプレイヤーが隷属しているということの裏返しでもある。これは、神の意図したデザインではない。人間が人間を支配するために人間が用意した恐るべきシステムである。このゲーム最大級の公然の秘密であろう。

この『人生』というゲームに参加しているプレイヤーであれば、どんな初級者であっても、ほぼ全員がお金の大切さを知っている。しかし「お金」を一括《ひとくく》りに考えてしまっていては、永久に初級レベルから上にはいけない。ここではより高度なプレイのために最低限必要なお金の性質を説明する。『説明書』では一切触れられていない事柄である。

お金は2種に分離できる

まずはお金を、大きく2種に分離して考えたほうがいい。「収入」と「資産」だ。

「収入」は、他のプレイヤーから得ることができるお金のことを指す。「資産」は財産とも言われることがあり、そのプレイヤーが持つ現金・株・建物などの総称だ。「収入」は新たに入ってくるもので、「資産」はすでに所有しているものと考えてもいいだろう。

実は、この「収入」と「資産」を分けて考えることには重大な意味が隠されている。お金の秘密の一端が明らかになるからだ。

プレイヤー間で決められた課税の大半は「収入」に対して行われている。近年、高齢化が進み社会保障負担が激増する日本においては、収入から引かれる社会保障費の割合は増加の一途をたどっている。大半のプレイヤーのささやかな生活を、税金や社会保障費が激しく圧迫しているのだ。

一方で、「資産」から引かれる税金はあまりない。所有不動産に対し、幾ばくかの固定資産税が課されているものの、その他に目ぼしい課税は存在していない。1プレイヤーが100億円を所有していようとも、莫大《ばくだい》な企業の株式を押さえていようとも、現状のルールでは課税されることがないのだ。

実は、あるプレイヤーが真に富者であるかどうかは、目先の収入の多寡《たか》とはほとんど関係がない。そのプレイヤーの力を推し量るには、資産の額を冷静に見極める必要がある。

本当の政治的影響力を持っているプレイヤーは巨額の資産保有者であり、ごくごく一部の、全体の1%にも満たないプレイヤーたちである。大半のプレイヤーがなけなしの収入から驚くほど高率の税金を課され、日々の生活すら圧迫されている状況にあって、この一部の富者プレイヤーたちには大した税金が課されることはない。富者プレイヤーたちが決して明かさない事実である。

歴史的にも変わらぬゲームの核心

この歪《いびつ》な状況は、大半のプレイヤーの無知・無関心と、ごく一部の富者プレイヤーのあらゆる政治的影響力によって実現されてきており、ゲームの歴史を通して変わらぬ現実となっている。

これは周知の事実であったが、この状況を1000年スケールでのデータの裏付けをもって世の中に広めたのが、トマ・ピケティ（ジョブ：経済学者、フランスサーバ所属）だ。彼が著した『21世紀の資本』において、歴史上あらゆる時期において、富者プレイヤーが持つ「資産」の成長率が、大多数のプレイヤーの拠《よ》り所《どころ》である「収入」の成長率を上回っていることが示された。過去200年以上のデータを分析すると、資本が生み出す収益率は平均で年に5％程度。一方で、経済成長率は1～2％の範囲で収まっている。

言い換えれば、「資産」が稼ぎ出す富のほうが、労働力を変換して得られる「収入」よりも早く蓄積されるため、富者であればあるほど収入は増え、結果として格差はどこまでも拡大していくのだといえる。その富は相続によって子孫プレイヤーへと引き継がれ、富裕層は強固に固定されてゆく。

各プレイヤーの置かれた環境

各プレイヤーが保有している資産額は、プレイの自由度を大幅に左右する要素である。そして保有資産の額や内容は、プレイヤーにより千差万別であろう。状況が同じプレイヤーは1人として存在しない。

ここでは、純金融資産に特化して、日本におけるプレイヤーの構成を確認しておこう（102ページ表1）。ちなみに純金融資産は、プレイヤーが持つ「預貯金、株式、債券、投資信託、一時払い生命保険や年金保険」から、負債を差し引いた値を指す。不動産は含まれていないことに注意だ。一般的に、層が上がれば上がるほど、不動産資産の総額も膨れ上《ふく》がってゆく。都心商業ビルなどの優良不動産を押さえているのは、超富裕層からだ。それゆえ層が上がるほど、資産の実体は大きくなると想定しなくてはならない。

また、とくに超富裕層については、このなかに、一括りにできないほどの巨大な格差が存

階層名	世帯の純金融資産保有額	総数（日本国内）	概要
超富裕層	5 億円以上	18 万 1770 人	自分の労働力を収入に変換せずとも、豊かで自由度の高いプレイを享受するために十分な程度に、富が富を生み続けるクラス
富裕層	1 ～ 5 億円	284 万 8560 人	自分の労働力を収入に変換せずとも、一定水準以上の暮らしが営めるクラス
準富裕層	5000 万円～ 1 億円	784 万 1010 人	一般的な程度に労働力を収入に転換するのを怠らなければ、安定した暮らしが営めるクラス
アッパーマス	3000万円～5000万円	1695万1920人	労働力を収入に変換し続ける必要はあるものの、平均以上の暮らしが営めるクラス
大衆	3000 万円未満	1 億 390 万 7700 人	労働力を収入に変換し続けなくては暮らしていけないクラス

野村総合研究所「NRI 富裕層アンケート調査」に、厚生労働省「平成 27 年国民生活基礎調査の概況」によって割り出された世帯平均人数 2.49 人を加味

表 1　日本におけるプレイヤーの資産状況

在している。純金融資産額が100億円を超えているような世帯となれば、国内政治に少なからぬ影響力を持つこともあり、また政治経済に影響力を持つ企業の大株主というケースは珍しくなく、政策について意見することも可能なプレイヤーとなる。

「地球」スケールで見てみると

ただし、上記は比較的平等性が保たれている日本の話だ。

地球というスケールで俯瞰《ふかん》すれば、もはや日本の超富裕層などのレベルでは語れない、遥《はる》かに上の層も厳然として存在している。ここではスーパークラスと名付けておこう。このスーパークラスに属する少数のプレイヤーたちが所有する富は、もはや言語を絶する規模となる。

2017年に公表された「NGOオックスファム報告書」によれば、地球上のわずか8プレイヤーが持つ富の総額は、全地球上の総プレイヤーの半数近くに相当する下位36億プレイヤーが持つ富の総額と同等だ。

現代型の王族とでも言うべき存在であろう。多くのメディア、穀物企業、軍需企業、エネルギー企業などを支配し、地球の政治経済に巨大な影響力を発揮している。

情報操作によりある程度まで世論をコントロールすることが可能なポジションになるし、選挙などにおいては巨額の献金や協力を通して重大な影響力を振るうこともできる。スーパークラスに属するプレイヤーにとっては、恐慌、戦争、天変地異などの、大多数にとって不幸なイベントすら、資産を増やすチャンスへと転化する。イベントを次々と発生させたほうがメリットがあるのだ。それゆえに、天災などの予《あらかじ》めゲームシステムとしてプログラムされている巨大イベント以外でも、スーパークラスに属するプレイヤーたちが、それに匹敵するような大規模イベントを発生させることもある。

ただし、こうした事実はまるで絶望するに値しない。このゲームのゲームデザインは500年前も、1000年前も、同じようにバランス調整されており、以前の王族や貴族だった階層が、現代ではスーパークラスに移り変わっただけなのである。いずれ登場するAIがゲームバランスの調整を試みようとする可能性はあるが、人間がプレイヤーの主体であるうちは変わらない現実でもあろう。

このゲームには、はなっから平等など担保されていないし、プレイヤーの怨嗟《えんさ》の声すらゲームデザインのうちだ。もっとも、現状のバランスは神の想定していた「ダイナミックなドラマ性」という次元を超えて人間の手によって歪《ゆが》み切っている。

だが、嘆いている暇があれば、少しでも見事なゲームプレイによって、プレイヤー自らが望むポジションを勝ち取ろうと力を尽くすほうが面白い。今こそ各プレイヤーは自らの意思で立ち、独自の戦略性・戦術性を発揮しゲーム攻略に乗り出すべき時だろう。

そして今、この攻略本を読んでいるプレイヤーにとって大いに幸運なことは、大多数のプレイヤーはまるでゲームワールドを理解しようと試みてすらいないことだ。そのようなプレイヤーたちは、大海に放り出される小舟のように、自分のプレイ期間が終焉《しゅうえん》するその時まで延々と、ゆく当てもなく漂い続けるだけだ。

ゲームの攻略のためには、ワールド、ルール、システム、バランスなどの理解に努めることが手始めであり、それなくしては何物も成し遂げられるものではない。今のあなたは、すでに多くのプレイヤーたちから頭ひとつ抜け出した存在といえよう。

信用創造

最重要アイテム「お金」の性質について、もう少し説明をしておこう。

現在、流通しているお金というものは、「信用創造」という仕組みによって創り出されている。

信用創造とは、「準備預金制度のもとで、銀行システムが持つ『貨幣を生み出す』機能」である。もう少し簡単に言い換えると、「銀行が『預金』と『貸出』を連鎖的に繰り返していくことで、お金が増えていく仕組み」だ。

具体例から考えよう。

銀行があるプレイヤーに対して1億円を貸し出すとき、本当に札束を用意するわけではない。単に、銀行通帳に「1億円」と記載するだけだ。実際にお金が右から左に動いているわけではないことに注目だ。お金を借りたプレイヤーも、その場で1億円を引き出すわけではない。自分の通帳からさらに他のプレイヤーの通帳へと紙の上での数字を動かすことで支払いを実行していく。銀行がプレイヤーに供与したのは、実はお金ではなく、「信用」という目に見えないシロモノなのである。その「信用」が、実質的にお金として機能する。銀行が次々と他のプレイヤーの通帳に数字を書き連ねていくだけで、ゲームワールドには新たなお金が生み出されているのだ。

銀行の側をみると、たとえばその銀行には預金額が1兆円しかないのに、2兆円を貸し出していたりする。こうして銀行が「信用」を創造することで、富がゲームワールドに突然生まれ落ち、現実の経済活動ではお金として流通していく。

これは一種の錬金術であり、この架空の富こそが、一部プレイヤーたちの富を空前絶後の規模にまで膨らませ続けている。

要するに、お金は誰かによって生み出されている。神の手によって？ それともゲームのプログラムによって？ 違う。この信用創造は、神がルールとして定めたものでも、ゲームシステムとしてプログラムされたものでもない。『説明書』には信用創造の「し」の字も書かれていない。

これは数百年に及ぶ壮大な経済史のなかで、政治経済に多大な影響力を持つ主要プレイヤーたちの間において、様々な談合・闘争・陰謀・妥協・結託が繰り返し行われ、新しく創り出されたプレイヤー間における仕組みである。ごく少数のプレイヤーによって成立するに至った信用創造という魔法は、やがてそれらプレイヤーの政治手腕によって法制化され、あらゆる国の制度として組み込まれたものだ。

いまあなたが手にしているお金も、元をたどればどこにも存在していない架空のものだったのだが、信用創造システムのなかで産み落とされ、流通するお金としてここに実在している。それは現実のお金として通用し、あらゆるアイテムの価値判断の尺度ともなっているのだ。

神が用意していたお金は？

ここまでの話で私たちが「お金」と認識しているものは、神＝ゲームデザイナーが用意したものではなく、プレイヤー間で取り決められた後付けのルールによって生み出されたものであることがわかるだろう。

では、神が用意していた「お金」は何だったのか？

ゲームプログラム上で用意されていたのは、ゴールド（元素記号Au）、シルバー（元素記号Ag）などの貴金属であったと思われる。なかでもゴールドには特殊な性質があり、柔らかくて可変性があり、重くて光沢があり、展性と延性に富んでいてどこまでも引き延ばすことができる。また、大量に存在するシルバーと違い、ゴールドはほどよく希少性がある。神＝ゲームデザイナーはこのゴールドを価値判断の指標として地上に用意したのだろう。実際にプレイヤー間における価値の保存手段、価値判断の基準として長く用いられてきた。

かつてはプレイヤーたちが信用創造によって生み出したお金も、ゴールドを裏付けとすることで（いつでもゴールドと交換できるということで）、一定程度の価値を保ってきた。

しかし地球全体を揺るがしたビッグイベント、1971年のニクソンショック以降、基軸通貨ドルとゴールドの兌換《だかん》（交換）の停止が発表され、プレイヤーが信用創造によって生み出したお金は、正真正銘の、何の裏付けもない架空のものとなり、タガが外れたように急激に膨れ上がっていくようになる。

さて、この資産規模の猛烈な拡大は、永遠なのであろうか？　それについては、いずれ適切なイベントが用意されている。後述のビッグイベントの章にて詳しく解説することになろう。

3　早期リタイア

早期リタイアは1つの中継地点である

多くのプレイヤーは経験を積みスキルを習得するため、チュートリアル期間を終えるとすぐ何らかのクラス・ジョブを選択しているはずだ。だが結局のところ、衣食住に困らず、生涯にわたって自分の自由が妨げられない範囲の生活が営める資産が確保できるのであれば、積極的にスッピンを選択してもいい。これはおそらく運営側の意図とは外れているが、知ったことではない。

すべての時間を自分の興味のみに投入でき、誰にも「めいれい」されることなく、労働力をお金に変換する必要もなく暮らしていけることは、どれほどの精神的充実に繋《つな》がるだろうか。

経済規模を押し上げたい政治・行政プレイヤーと、彼らと結託して利権を確保し続ける必要があるマスメディア所属のプレイヤーたちは「労働こそ美徳」とするキャンペーンを張り続けるであろう。しかし、これも我々の知ったことではない。

また仮に、好んで何らかのクラス・ジョブに就き続けるにしても、「いつスッピンになっても大丈夫」という状況を確保したうえで取り組めるのならば、このうえない精神上の安定に繋がろう。嫌な仕事は断ることができるし、獲得したいトロフィーや習得したいスキルにつながる仕事に集中できたり、趣味に関連した仕事だけを気楽に選択することも可能になる。

それゆえに、このゲームの1つの中継地点としては、「生涯スッピンを続けられる状況を確保する」ということにあろう。もちろん、あくまで達成目標の1つであって、以降もゲームは続くし、このクリア地点に到達したところで勝利できたわけでもないのだが、「労働力→お金」というリソース変換行為が一切不要なポジションに到達することは、重要な分岐点になるのは確かだ。

それゆえ、あらゆるプレイヤーは、「どのタイミングで、どのようにしてリタイアが実現可能になるか」を常に想定して自らのプレイ方針を組み立てるべきだろう。実際にスッピンになるかどうかは別として、なるべく早くからこの地点を目指してみることは有用なプレイスタイルだ。

早期リタイアの条件

プレイヤー間においては、この状態の実現を示す言葉を、「早期リタイア」「アーリーリタイア」としていることが多い。しかし、その達成条件としては「リタイア時におけるお金の額」のみが注目されている。「1億円あれば早期リタイアが実現できる」とか、「いや1億5000万円ないと不安だ」とか、「7000万円あればギリギリ行ける」など、この議論は止《とど》まるところを知らない。

しかし、これはまったくナンセンスな話だ。早期リタイアに必要なものはお金だけではないからだ。

生涯のリタイア状態を確保するためには、大事な要素が5点ある。

①お金

目先の2~5年は暮らしていける額が手元にあれば十分に許容範囲であろう。1億円などは不要である。もちろん10億円でも100億円でもあるならあるで構わないが、頼りにするべきではなく、数十年先にその通貨が現在の価値を保っているなどとは想定しないことだ。

②資産

以下2つのアイテムをバランスよく確保しておくべきであろう。

(1)危機対応力のある企業の株式、将来にわたっても借り手がいると予想される不動産など、長く不労所得を生み出す資産。

(2)インフレ・金融崩壊などに対応できるゴールドなどの貴金属。

死ぬまで平時が続くと予想するなら(1)を100%という配分でもいいのだが、実際にはそんなことはありえない。確固としたリタイア状態を生涯確保するためには、(2)に10~30%は配分しておきたいところだ。真のリスクヘッジを図るのであれば、(1)が何らかの事情で消し飛んでも大丈夫な程度の額を（2）で確保しきれていれば鉄壁であろう。（2）の資産額から逆算して、全体の資産を構成していってもいいかもしれない。

また、余力があれば、一定の海外資産もあるとなおいい。ただし、トラブルがあった場合に自分が管理できないものは、ちょっとした投機の一種として扱うべきで、万一の頼りにできる資産とは見なさないことだ。たとえばフランス語に通じておらず、フランスへ行ったこともないのに、フランスの一軒家に投資するというのは、マネーゲームの一環として割り切ったほうがいい。

③不労所得額

数十年先までのリタイア状態確保のためには、株式・債権・投資信託などからの配当、不動産からの賃料収入のほうを重視しておくべきだろう。現金の価値はインフレによって目減りするが、これらの収入は経済環境にあわせて調整されるからだ。

いずれ支給される年金も、多少ならこれに換算していい。政治秩序の維持を想定すれば、年金支給額がゼロになる可能性は限りなく低いからだ。ただし、現状の年金の数字は、決してそのままアテにはしてはならない。あくまでプレイヤー個人の力量で確保した不労所得を優先すべきであり、他のプレイヤー間で話し合われて決められた妥協の産物的ルールを、真に受けてはならないということだ。

年金受給額を不労所得として自分のシミュレーションに組み込むにあたっても、最大で、現在受け取れるとされている年金額の半分程度までを計算しておくべきである。

④インフレ対応力

マネー経済（お金を融通する経済活動）がもはや抜き差しならぬ規模にまで膨張しているゲームワールドにあって、お金の価値自体の急激な変動は避けられないものと認識しなくてはならない。最も備えておくべきはインフレで、現状の日本におけるデフレに近い状況や、年率1％や2％程度の温《ぬる》いインフレが、これから何十年も続くなどとは思わないことだ。幾つかのイベントを経て、お金の価値が予想外の目減りをするのは事前に受け入れておくべきで、その変動に耐えうるだけの準備をしておかなくてはならない。

⑤ビッグイベント適応力

ビッグイベントは、たとえば世界恐慌、日本財政の行き詰まり、戦争、南海トラフや首都直下での大地震などである。これらのイベントを、地球に巨大隕石《いんせき》が衝突するくらいの可能性だと軽視しきっているプレイヤーは実に多いが、まったくの間違いである。数十年のプレイにあたって、ほぼ1度以上の確率で遭遇するものだと考えておいたほうがいい。ただし、多くのプレイヤーがこうしたイベントを想定していないことには意味があり、着実に準備を重ねておけば、相対的に一気に有利なゲーム展開が期待できるだろう。これらビッグイベントについては、のちの章で詳しく扱うので、そちらを参照してほしい。

本気でリタイア状態を守るためには、インフレ対応力はもちろんのこと、ビッグイベントを予定しておくことは絶対である。

あらゆるプレイヤーは、死ぬまでの長期間の年月を見据えてのプレイを心がけたい。仮に95歳前後まで生きることを想定すれば、15歳なら80年間のプレイ期間、30歳なら65年間のプレイ期間があることを決して忘れてはならないのだ。

幕間——天界にて

「し、信用創造……。こ、こんなことやってやがったのか、あいつら……」

俺は頭を抱えた。最近、なんかおかしいとは思っていた。市場でやり取りされている「お金」リソースの桁《けた》が跳ね上がっていたのだ。

部長が唸《うな》りながら俺に尋ねてきた。

「キミさ、ゴールド、いくら地上に埋め込んでたの？」

「いや……。こんな埋め込んでるわけないじゃないですか。それでも結構な量を用意してたんですよ」

俺たち運営側としても、物々交換だけではプレイヤーが不便だろうと思い、フィールドに希少鉱物を埋め込んでおいたのだ。「お金」リソースがシステムに組み込まれたのは、Ver.3.14の大型アップデートからだが、貨幣の概念自体は当然俺たちは持っていたし、いずれはプレイヤーたちも気付くと思っていた。特にゴールドはかなり便利に作っておいたから、おそらくこれが貨幣として用いられるだろうな、という想定もあった。そこまでは意図通りだったのだが……。

　プレイヤーたちは次第にゴールドと交換できる紙を作り出し、それでやり取りをし始めた。

「おいおい、紙なんて燃えたらなくなっちゃうぞ」と思いながらも、これはスルーしていたのだが……。ちょっと目を離しているうちに、そこからさらに、こんなことになっていたなんて。

「運営が用意してたゴールドよりも、めちゃくちゃ『お金』リソースが増えてるね。カネがカネを産むのが一番効率的なプレイングになってるし」

　部長が俺を見て溜息《ためいき》を漏らした。俺は頭を抱えたままだ。

「キミ〜、これじゃ確かに、『ジョブを得てリソース変換』とか呑気《のんき》に言ってる場合じゃないよ」

「うう……う……。なんだよ、これ。詐欺《さぎ》くさいものが俺のゲーム世界を覆っている……。なんだよ信用創造って。俺、そんなの作ってないよ……」

　これは確かに……俺の説明書が「素朴すぎる」「全く使えない」なんて言われても仕方がない。いやでも、どうなんだ。こんな訳の分からん複雑化をしたプレイヤーの方が悪いんじゃないか？　俺の作ったままの世界の方がキレイっていうか、シンプルで美しくないか？

何やってんだよ、コイツラ……。このゲーム、やっぱり自由度高すぎたのかなぁ。
俺は頭痛を覚えながら、『攻略本』のページをめくっていった。

第二章　ライフイベント

『人生』において発生するイベントはほぼ無数にある。しかし、ここでその全てについて触れることはできないため、多くのプレイヤーが経験する主要なイベントに絞ってその攻略法を記す。本章でとりあげる「ライフイベント」は周りに流されてつい安直なプレイングになりがちだが、ここでこそ計画を立てた戦略的なプレイングが必要とされるはずだ。

1　結婚

結婚イベントが発生する可能性——男性71%・女性81%

とかく結婚は、ライフイベントにおいて1つの通過儀礼であり、当たり前のものであると思われがちだ。実際、我々は教育を通して、メディアを通して、そのような洗脳プログラムに晒《さら》されてきている。

男女を結婚させることで子どもを増やす機会をできるだけ多く用意することは、政府関係者にとっても、体制側にいるメディア関係者にとっても切実な問題だ（おそらくはこのゲームのデザイナーにとっても）。人間1人がそこで暮らすというただそれだけのことで、国家の経済規模を2億円や3億円、場合によっては10億円というレベルで増やしてくれる。人間1人が生まれ、育ち、暮らし、そして死んでいくまでの間に、どれほど多くのお金が巡るのかを考えてみるがいい。また体制の上位に居座る面々にとって、自分たちの地位を長く確立させるためには、それを下で支える民衆というものが必要なのだ。

そうした理由で、社会における洗脳活動の最上位にある結婚イベントだが、実のところそこまで結婚率は高くない。結婚イベントが発生するのは、男性のおよそ3人中2人、女性のおよそ5人中4人である。逆から見れば、男性のおよそ3割、女性のおよそ2割にとっては、このイベントは関係ないものになるだろう。

1970年代までの日本においては、結婚イベントが発生しない人の割合は2％前後に過ぎなかった。実に98％に発生する定番イベントだったわけだ。2000年頃でも、結婚イベントに無縁の男女は10％未満に抑えられてきた。

それが昨今では急激に拡大している。さまざまな理由は見出《みいだ》せるが、昔ながらの教育や情報操作をそのまま受け入れないプレイヤーが増加していることが1つの要因であろう。

ただし、それでも多くの人たちは結婚イベントを発生させたがっている。

平成26年度「結婚・家族形成に関する意識調査」報告書の結婚観に関するデータによれば、男女を合算した全体の数字としては、いずれ結婚をしたいと考えている人の割合は77・7％となっている。一方で、結婚するつもりはないとする割合は7％でしかなく、人生で1度は結婚してみたいと考える人はまだ多いと考えられる。

現に時代が変わっていたとしても、今まで植え付けられた常識は、そうそう簡単にぬぐい去れるものではないこともまた確かだ。それに加えて、せっかくゲームに用意されているのだから、イベントを起こしてみたいと考えるのは自然なことでもあろう。

年収別の既婚率

身も蓋もないデータだが、結婚イベント発生率に最も大きな影響を及ぼすのが、男性の年収だ。男性には、年収が300万円を超えているかどうかで大きな分岐があり、年収が高くなるほどイベント発生のチャンスが高まってくる。

一方で、女性のほうは年収による結婚率格差はほとんどない。

結婚は、人生最大の契約行為である。

それにしても結婚イベントにおいては、本当に重要な側面がすっかり見過ごされている。

結婚＝収入と資産を配偶者と法的にわけあう契約

このことを肝に銘じよう。結婚は法的な契約行為だ。ほとんどの人にとって、人生で最大級の契約（あるいは博打《ばくち》）となる。

住宅の購入費（数千万円）が人生最大支出だと考えるプレイヤーは、他のプレイヤーが流す情報操作に振り回されているだけの大衆（モブキャラ）だ。

他のプレイヤーたちがもっともらしく演出する愛と、結婚を混同してはならない。そもそも、愛を証明するために結婚という法的な行為が必要なのか？　愛は、他者に証明してもらう必要があるようなものではない。真に愛を以《もっ》て相手とわかり合うのに国家のお墨付きなど関係なく、逆に制度が必須の愛ならば、それは紛《まが》い物の愛であろう。

結婚は愛の証《あかし》ではないのだ。人間同士の同盟関係であり、契約行為である。そのことをありありと証明するのが、先に指摘した年収別の結婚率である。

結婚は効率よいプレイングなのか?

結婚が同盟関係の構築だとするなら、良質な契約によって、非常に効率的なプレイングを為し遂げることができる。では、誰にとって効率的なのであろうか。

ここで結婚とは、「収入と資産を配偶者と法的にわけあう契約」であることを思い出して欲しい。結婚は男女間における契約であり、相手の稼ぎや貯蓄をより多く奪うのはどちらであろうか?

データ上その答えは明らかで、日本においての結婚イベントは、女性プレイヤーにとって非常に有用なプレイスタイルになってくれるはずだ。

国税庁の「民間給与実態統計調査」からは、男性と女性の給与所得の驚くばかりの格差が見て取れる。男性の平均年収は521万円に対して、女性のそれは276万円と、年間245万円もの格差があるのが把握できる。一般に、都市でプレイヤー1人が生きていくために必要なコストは、家賃・食費・通信費・水道光熱費・交際費・交通費・各種の税金など最低限のコストだけを想定しても、年間250万円は見込まねばならない。女性にはまったく余裕がないが、男性にはかなりの余力が見て取れる。この余力の差異は、想像以上に大きいものだ。

また、上記は働いているプレイヤーの平均給与である。

1年を通じて勤務した給与所得プレイヤーは4756万人だが、これを男女別にみると、男性2805万人、女性1951万人となり、そもそも女性は働いていないケースも少なくない。

そのため契約行為としてみれば、男性にとって著しく不利になりかねないイベントであり、女性にとっては極めて有用なプレイスタイルになるのは明らかであろう。

しかしもちろん、自由度が保証されたこのゲームにおいては、すべてのプレイヤーが効率の良いプレイングを追求する必要はまったくない。それがたとえ効率が非常に悪いプレイングであっても、他のプレイヤーに見せびらかしたい華麗なプレイを選択することもあろうし、あえて修行の道を歩むこともあろうし、結婚して子どもを作って日本政府にどこまでも奉仕・貢献したいと強く願うプレイヤーもいるだろう。ソロプレイでは飽きたというプレイヤーは、法によって束縛された他プレイヤーとの盟約関係の構築によって、新しい感覚のゲームプレイに臨んでみることもできる。

また結婚は、プレイヤーの幸福度に大きな変動をもたらすイベントにもなりえる。結婚を選択することによって、精神的充足を満たすことができるかもしれず、また逆にさまざまな不運に見舞われる場合もある。幸福度にとってプラスにもマイナスにもなりえ、それは時と共に変動したりもする。ともかく、結婚イベントを通して、幸福度が大きく上下することだけは明らかだ。

つまり結婚は、幸福値に大きな変動を与えるギャンブルであり、ゲームのプレイヤーである限り射幸心《しゃこうしん》をかき立てられ、１度はイベントを体験してみたいと思うのは自然なことだろう。

2　離婚

離婚イベントが発生する可能性——結婚している夫婦の35・6%

結婚イベントがあれば当然だが、離婚イベントもしっかり用意されている。

厚生労働省「平成27年人口動態統計」によると、この年度内において婚姻《こんいん》した夫婦は63万５１５６組——つまり１２７万３１２人が結婚イベントを発生させた。対して、この年度内において離婚した夫婦は22万６２１５組——45万２４３０人が離婚イベントを発生させたことになる。

世代間によって意識の変化や初婚年齢の違いなどがあるから、この婚姻数と離婚数を比較することは正確ではないものの、他に適切な離婚確率を割り出す手段もないため、あえて「離婚数÷婚姻数」の計算式に当てはめてみると、離婚率は35・6%となることが確認される。多くのユーザーが体感で「3分の1くらいの夫婦が離婚しているのではないか」とするのは、あながち間違いではない状況と言えるだろう。

ワールド全体の離婚率

3分の1を越える離婚率の日本だが、ワールド全体としてはそれほど高い数字ではない。そのため日本では、まだまだ離婚率が上昇する余地が大きいとも言えよう。

アメリカにおいては、離婚率はほぼ50%とされている（これも「離婚数÷婚姻数」で計算）。慰謝料の請求額も含め日本以上に、アメリカにおいては離婚のコストが大きい。それでも50%のプレイヤーが離婚イベントを発生させるのだから、結婚イベントを起こすかどうかは慎重に検討されるべきプレイ上の注意事項であろう。

また、離婚率が最も高いロシアでは、実に離婚率は80%という数字を記録している。2回、3回と結婚する人が珍しくなく、離婚をさほど大きな問題とは捉えていない傾向にある。こうした事情は、男女間の社会的格差が小さく、女性も、男性と同等の賃金が期待できるなどの事情も大きく作用している。

男女が対等になればなるほど、離婚イベントというのはごく自然なものになっていくということの現れであろう。こうしたことを踏まえれば、日本においても今後ますます離婚が一般化していくことが予想される。

離婚イベントの際の注意事項

離婚イベントは、プレイヤーに過大な精神的負担を発生させるイベントだ。また、慰謝料として金銭的にも負担を背負ってしまう可能性が大きい。

離婚にあたり支払う金額については、夫婦の財産（収入・土地・家屋・預金・生命保険等）と結婚期間で負担金額が変動する。結婚イベントの項目にて、日本における男女の大きな収入格差について確認している通り、一般的には男のほうが収入が多くなりがちであり、また女性が仕事をしていないことも少なくないため、とりわけ男性にとっての負荷が大きいイベントになりがちだ。

また子どもがいたりする場合には、単親世帯となって貧困化し、プレイ環境の著しい制約を受けるパターンも散見《さんけん》されるようになった。

だからこそ苦しい状況にありながらも離婚イベントを発生させず、仮面夫婦の関係を続けるプレイヤーも多いのが現実である。

ただし、それらの負担から目を背けようとして、イベント発生を避け続けることも良いプレイスタイルとは言えない。精神的負荷を抱え続けながらゲームプレイを続行することは、あらゆるプレイ方針に悪い結果をもたらすことになるからだ。たとえ離婚イベント発生で一時的に負荷を背負ったとしても、その後の様々なゲームプレイにおける自由度が広がれば、全般的には良い結果をもたらすことにもなるだろう。

また、こうした離婚イベントが用意されていることからも分かるとおり、結婚イベント自体が幸福をもたらすわけではない。結婚イベントは、幸福値を激しく増減させるキッカケになるイベントであることが再確認できるだろう。そうした射幸性のあるイベントだからこそ、プレイヤーはそのギャンブルに乗り出してみたがるものなのだ。

3　子ども

子育てのコスト――2500万円前後

結婚イベントに関連してプレイヤーの選択に極めて甚大《じんだい》な影響を与えるイベントが「子ども」だ。なぜなら、いったん子どもを持てば、子どもが成人するまでの間に極めて大きな費用負担が発生してくるからである。

一般論として、「子ども1人について2000万円が掛かる」と言われることがある。これはなかなか控えめな数字だ。

試算データは幾つもの機関が出しているが、内閣府の資料（「平成22年度インターネットによる子育て費用に関する調査」）を参照すると、中学までの子育て費用の総額は1人1889万円となる。

その後、子どもの進学が公立高校・国立大学であれば子育て1人あたりにおける費用合計は2750万円程度、私立高校・私立理系大学と進めば合計3150万円となる。またこれは大学まで子どもが実家暮らしだった場合のパターンであり、1人暮らしを要する状況であればさらに数百万円が上積みされてくることになろう（文部科学省「平成26年度子どもの学習費調査」、日本政策金融公庫「平成28年度教育費負担の実態調査結果」）。

仮に教育コストがまったくゼロだったとしても、成人までに1500万円が必要だと想定し、そこに諸々の教育費を上乗せしていくと考えたほうが戦略が立てやすいかもしれない。

親世代の比較的安定した子育て環境とは比較できないほど、現在のプレイヤーにとって子ども1人を抱えることの負担は重い。親世代プレイヤーは実感としてこのことを把握できないから、その世代間ギャップがさらにプレイヤーを苦しめることになる。

子どもを持つ持たないという選択は、自身のゲームプレイ方針によって熟慮されるべき最重要事項の1つとも言えよう。

子どもを持つことのメリット

多くのプレイヤーにとって、たしかに子どもを持つことによる金銭的デメリットは極めて大きいものの、しかしメリットも決して小さなものではない。おそらく半数以上のプレイヤーには有用なイベントになってくれる可能性がある。

①人生における最大の暇潰しになる

プレイヤーのクラス・ジョブ選択によっては、何十年間にもわたってルーティンな作業ばかりをこなすことを強いられる場合もある。そのような代わり映えのしない毎日のなかにあって、人生において唯一変化を感じ取れるものが子どもの存在であろう。重い負担であることは、逆に言えばそれに匹敵する使命感をプレイヤーに与えてくれる。何か特別な目的が一切ないプレイヤーにとって、子育てというのは、死ぬまでにかかわる最も大きな暇潰しになってくれるはずだ。

②老後の不安解消（ただし誤解が多分にある）

発展途上国と同じように、子どもの存在を労働力として見なすのであれば、もしかしたら老後に子どもが自分の面倒を見てくれるかもしれないと淡い期待を持つものである。ただしこれは多くの場合に願望であって、実際には子どもが成人して送り出したあとも、子どもに多額のお金を要求されたり、注ぎ込まなくてはならなかったりするケースは少なくないであろう。それゆえこのメリットは大きな誤解ではあるものの、子どもに親孝行という道徳的観念を徹底して教え込み、加えて子どもが何らかの社会的トラブルを抱えなければ、親に奉仕させるプレイングに成功する場合もないわけではない。

③ゲームワールドの維持のために

目下、日本における出生率低下には目を覆うものがある。これは日本だけの現象ではなく、世界の主要国に共通した問題だが、とりわけ日本は今後の国家機能の維持にすら支障をきたしかねないほどの状況にある。

それゆえ、ゲームワールド全体、日本全体という視点で見れば、1人でも多くの子どもを出生し、経済環境の維持に貢献してもらわなくてはならない。子どもを産み育てることで日本経済に貢献するというプレイ方針も、プレイヤーの思想信条によってはあっていいだろう。

④自己保存という本能

このゲームのプレイヤーは、ワールドに生成された時点から、プレイを継続しなくてはならないという強い意志が脳のプログラムにすり込まれている。その意志のなかで最も強烈に働くプログラムが、自己保存システムである。生きていくための食欲であり、争いから脱落しないための闘争心であり、自身のDNAを生き残らせていくための生殖本能などのことだ。

それゆえ、「子どもを作らなくてはならない」とする脳の命令は、道徳とか教育とか常識など以前に、プレイヤーに設定されている素直な感情である。だから、子どもを産み育てること自体は、効率的なプレイとは何の関係もないし、本質的な意味もないことだ。プレイヤーがそれが幸福だと思うなら追求すればいいだけであり、幸福に感じなければ周りの道徳観念や情報操作に振り回されて乗っかる必要は何もない。

これから数万年、数十万年と、もしゲームワールドが継続していたとしても、その進化や生物の過程から、今の人類が人類のままであるはずもない。ＡＩがワールドを侵食すれば、世界の姿が一変する可能性もある。少なくともかなり早い段階で日本人という分類は曖昧なものとなっていようし、仮に自己のＤＮＡを生き残らせることに成功しても、その先まで生き残っている保証はなにもない。また生き残っていることが、プレイヤーにとって幸運に繋《つな》がる可能性などまるでない。

これらのことを踏まえて、このイベントを発生させるかどうかを今一度顧みてみることは、あらゆるプレイヤーにとって有用なはずだ。プレイヤーとしては、本能に身を委ね、子どもを産み育て、それを以て勝利宣言してもいいだろう。また理性を以て本能に打ち勝ち、ワールドの本質を追究し、効率的なプレイを求めてもいいだろう。

発生させるかどうかを比較的自分の意志でコントロールしやすいイベントだから、自身のプレイ方針にとってプラスになるような選択をしていきたいところだ。

4　大けが・うつ・病気

ゲームプレイの平均期間——男80・79年間、女87・05年間

あらゆるプレイヤーには、「寿命リソース」という形でゲーム期間が設定されている。平均プレイ期間は、男性80・79年、女性87・05年だ（厚生労働省「平成27年簡易生命表」）。

そのプレイ期間の間に遭遇する重大なリスクには、千差万別がある。

致死性で不治の病に冒されれば、ゲームの強制終了時期は否応なく迫ってきてしまう。ただし、プレイが終了するその瞬間までまったく何の病気にもならなかったというプレイヤーはほぼいないのだから、この問題への不安を抱えながらプレイを続けるのも非効率である。プレイヤーが留意しておくべきは、プレイ期間がそろそろ終わろうとするころに患う病気ではなく、プレイがまだ中盤なのにもかかわらず大きな悪影響を及ぼす事故や病気のほうであろう。

では、実際にそのような事故や病気にあう確率はどれくらいなのだろうか。

2001年9月にアメリカで起こった同時多発テロ事件の直後、アメリカ人プレイヤーの

多くが民間航空機による移動を敬遠し、自家用車による移動を選択した。そのために、同年10〜12月でのアメリカにおける自動車事故の死者の数は、前年同月比で1000人増加することになった。これはテロに巻き込まれた航空機乗客の数より多い。

どのくらいの確率で予想し得ない事態が発生するのかを理解しておけば、扇情的な選択による不運を回避することも可能であろう。

プレイヤーが交通事故にあう確率——33・4%

平成27年度中における交通事故発生件数は53万6899件である。これによる死亡者数は4117人、負傷者数は66万6023人となっている（内閣府「平成28年版交通安全白書」）。そして、国勢調査による同年の日本国籍プレイヤー数は1億2709万4745人だ。

負傷プレイヤーを、総プレイヤー数で割ると、年間190人中1人が事故に遭遇していることになる。こうして見ると、あまり身近に感じることはできないかもしれない。

しかしプレイヤーが80年間にわたってゲームを続けるとして、1度も交通事故に遭遇しない可能性はどれほどあるだろうか。1年間に事故に遭わない確率は99・474%。80年間これを連続でクリアし続けるのは、99・474%の80乗と同値だから、プレイヤーは、ゲームプレイの間に、66・579%の確率で交通事故に遭遇しない。逆に見れば33・421%の確率で、プレイヤーは交通事故に遭遇すると考えられるだろう。

うつ病を患う確率――6・5%

プレイ続行に大きな影響を与える病気は幾つもある。

その病気の分類としては、5大疾病とされるものがある（厚生労働省指定）。「がん」「脳卒中」「急性心筋梗塞」「糖尿病」「精神疾患」の5つだ。なかでも近年急増中なのが、うつ病などを含む精神疾患であろう。精神疾患を患うプレイヤー数は300万人以上であり、糖尿病の約230万人、がんの約150万人を上回る。また年間3万前後の発生件数で推移する自殺者の多くが精神疾患を患っていたとされている。もっとも広がりがあり、社会的影響力も大きい病気だ。

「精神疾患」のなかでもうつ病は、誰しもが、若くして患う可能性を秘めていることに留意すべきだろう。20代、30代、40代においても容赦なく襲いかかってくる疾患だ。そしてこれらの世代における死亡理由のナンバーワンは、ほぼ自殺であることからも、うつ病の重要性は認識しておかねばならない。

厚生労働省の報告によれば、日本におけるうつ病の生涯有病率は6・5%だと報告されている。およそ10〜15人中、1人がうつ病を患うということだ。

保険は有効か

病気や事故に遭った際の保障として重要な位置付けにあるのが保険であろう。保険には大別して、公的保険と民間保険がある。

【公的保険】

誰もが加入すべきもので、最低限の保障しかないが、必要な保障は広くカヴァーされている。政府運営であるため、プレイヤーの払い込み負担は少なく抑えられ、政府が多額のコストを費やしながら運営している。

【民間保険】

任意加入で、個々の事情を踏まえた細かい対応が可能である。民間保険会社運営であるため、プレイヤーからの保険料がその運営費や、膨大な広告費をまかなっている。民間保険会社はいわば胴元であり、損をしない仕組みになっている。

再保険会社スイス・リーの2011年調査によると、日本の生命保険料総額は米ドル換算で5250億ドルと、米国の5380億ドルに迫る世界2位に位置している。世界人口の2%にしかすぎない日本人プレイヤーたちが、世界の保険料の20%もの巨額を負担しているということだ。

また、日本人の世帯が1年間で支払っている保険料は38・5万円に及ぶ。生涯において、男性プレイヤーは2000万円近く、女性プレイヤーは900万円近くを民間保険に注ぎ込んでいる（生命保険文化センター「平成27年度　生命保険に関する全国実態調査」）。

これほどの民間保険料を納め続けるのは、果たして効率的なプレイスタイルだと言えるのだろうか。

民間保険は、個々の悩みや細かい問題に対応した、バラエティ豊かな商品を取りそろえている。しかし留意すべきは、プレイヤーが支払った保険料によって、民間保険会社はその膨大な維持費や人件費やテレビCM費用を負担しているのであり、そのなかの一部が万が一の保険としてプレイヤーに還元されているということだ。

さらに付言すれば、あくまで民間運営であるから、重大な経済変動には対応できない可能性が極めて高い。仮にハイパーインフレが発生するようなことがあれば、プレイヤーは支払ったはずの膨大な保険料がほぼ無に帰していくことに呆然《ぼうぜん》とするばかりになろうし、民間保険会社はその実質的負担を背負うことはないだろう。

一方で、政府が担う公的保険に関しては、重大な経済変動にあっても、それなりの耐性を備えていると考えることができる。上述のようなハイパーインフレ発生時に、政府が飢えている人を突き放すようなことがあれば、大いに治安が乱れ、政権維持にも支障をきたすことになるからだ。政府にとっては、どのような情勢にあっても、真に困窮したプレイヤーに最低限の保障を提供するのは、総合的な見地から言ってメリットがある行為なのだ。政府関係者たちがどれほど制度の堅牢性《けんろうせい》を主張しても決して鵜呑《うの》みにしてはならないものの、国内に過激なデモや暴動を引き起こすよりも、治安維持のためにその政府負担をしたほうがいいという判断の可能性ならば信用できる。

それゆえ、大半のプレイヤーのプレイ期間の間に、確率論から計算して必ず1度や2度はあるはずの重大な経済変動に対し、民間保険は無力であり、公的保険は有用なものだ。

したがって、民間保険は、よほど個々の事情によって保障を受けておきたい分野があるのならメリットはあるが、大筋として損であり、平時のみに通用する保障であることは押さえておかなくてはならない。一方で、政府が担う公的保険は、効率面から言えばしっかり加入しておいたほうが有用であると言えよう。

5　親の介護

介護ミッションの発生確率──両親のどちらかが平均寿命に達しただけで30％超

ライフイベントの一環として、親プレイヤーの介護のことをまったく想定していないプレイヤーは多い。しかし両親のいずれかが平均寿命を超えてくると、かなりの確率でこのイベントが発生する。

介護を必要とするプレイヤーの発生率は、40〜64歳では0・3％、65〜69歳では2・9％だが、加齢とともに急速に高まり、80〜84歳では28・4％、85歳以上では59・1％にまで飛躍的に高まるのだ。そもそも親プレイヤーが、寿命が来たら突然亡くなると考えるのは間違いである（厚生労働省「介護保険事業状況報告（暫定）（平成28年9月）」、総務省統計局「人口推計（平成28年9月確定値）」）。

ますます長寿化していく社会にあって、プレイヤーの親が80歳を超えて生きることはごく当たり前のことになってきた。そのとき、両親のいずれかが要介護認定を受けると、プレイヤーは望むと望まざるとにかかわらず、多くの場合に介護を担わなくてはならないことになる。しかも介護経験者の平均的な介護期間は、59・1カ月（4年11カ月）だと報告されており（生命保険文化センター）、長期間にわたってプレイヤーは大きな行動の束縛を受けることになるだろう。

また、介護に要した費用（公的介護保険サービスの自己負担費用を含む）は、住宅改修や介護用ベッドの購入などの一時費用の合計が平均80万円、月々の費用が平均7・9万円となっており、時間のみならず、相当に継続的な金銭負担を背負うことも覚悟しておかねばならないだろう。

親が認知症になる確率――14～25%

厚生労働省の発表によると、日本の認知症患者数は2012年時点で約462万人、65歳以上の高齢者の約7人に1人と推計された。認知症の前段階とされる「軽度認知障害（MCI：Mild Cognitive Impairment）」と推計される約400万人まで合わせると、高齢者の4人に1

人が認知症かその予備軍と想定される。

日本は超高齢化の進展に伴って、この数字はなおも増加の一途を辿《たど》り、2025年には認知症患者数は700万人になると見込まれている。若者や子どもまで含めたうち、5・6％ものプレイヤーが認知症という推計は、ただただ恐ろしいばかりである。

施設に預ける

非常に重い負担を強《し》いられる親プレイヤーの介護だが、要介護者を施設に預けてしまうというプレイスタイルも用意されている。一定の金銭負担さえできれば、比較的効率的なプレイができることだろう。プレイヤー本人や家族の負担も軽減でき、ジョブの継続にも支障がないため、親プレイヤーと共倒れになる可能性はだいぶ軽減されるはずだ。

ただし、内閣府の世論調査「在宅介護、施設介護に関する意識について」によれば、自分自身が老後に介護が必要となった場合、どこで介護を受けたいか調査したところ、「可能な限り自宅で介護を受けたい」と答えた者の割合が44・7％と一番多かったことも留意しておかねばならない。このような場合、親の説得を行わなくてはならない。自宅で介護を希望するのは、慣れ親しんだ環境が変わるのを恐れるためであるから、早い段階から親の理解を得ておくことも必要だ。

また、介護施設は千差万別であり、自宅で介護するよりも親プレイヤーに豊かな暮らしを約束してくれる場所もあるし、ギスギスしていて問題を発生させる施設もある。両親の介護の可能性がちらつくようになった瞬間から、どのような基準の施設に預けるか検討を始めたほうがいいだろう。コストパフォーマンスのよい施設に要介護者を預けるのに、数年も待たされることはザラにある。

このイベントは、ある日唐突に発生する。その時点で何も検討を進めていなければ、非常に制約が大きく苦しい状況を長期間にわたって受け入れなくてはならなくなる。だからこそ、わずかでも可能性が出てきた時点で介護計画の検討を始め、親の理解を得ておき、即座に対応できるよう万全の準備を図っておくべきイベントだ。

親の介護と、自分の介護

多くのプレイヤーにとって両親の介護は、そのときになってみないと現実感が湧かないものだ。しかし、さらに現実としてなかなか想定できないのが、自分自身の介護であろう。

自分の介護に投入できる資産をどれだけ所有しているか、他に家族がいるのかいないのか、家族とは仲が良いのか悪いのか……さまざまな事情によって左右されざるを得ないのが自分自身の介護イベントである。

自身が老齢となり、介護を要するようになれば、もうゲーム攻略のことを考えても仕方ないという気持ちもわからないではない。しかしその安直な考えは、これ以上ないほど決定的な間違いなのだと、完全否定しておこう。

ゲームプレイ全般を通しての幸福を考えるのならば、ゲームを終えるその状況において、心が前向きなのか後ろ向きなのかは決定的に重要なことだ。どれほどの資産を得ることに成功しても、どれほどの成功を収めても、どれほどの愛ある結婚をしても、死に至るわずかな期間が不幸のどん底であったなら、長きにわたる幸運なゲームプレイの記憶でさえ薄らいでしまうことだろう。逆に言えば、苦難に満ちたゲームプレイを送ったとしても、自らの死を前にした幸福な意識というものは、何にも増してプレイヤーの人生に彩りを添えてくれるに違いない。神は我々人間の幸福というものを累積するポイントと考えているようだが、現に『人生』を生きる我々の実存的な主観としては、死に臨むその一瞬の感情は単なるポイント加算では語れないもっとはるかに重要なものだ。

それゆえに、自分の介護を決して軽視してはならない。死に際に至るわずかな期間の幸不幸によって、大きくそのプレイヤーの人生全体としての幸福感が変わってくるのだから、周到に計画を練っておき、どのような気持ちで死期に臨むかを常々考えておくべきである。

6 遺産相続

相続イベント

2015年の国税庁のデータによると、1年間で129万人が被相続人（亡くなった側）となった。

このうち、相続税を支払う義務が課された被相続人は、10万3000人となっており、前年の5万6000人から大きく増えている。これは法改正による影響であり、厳しい財政事情にある政府としては、相続税の確保に余念がない。今後もさまざまな法改正を通して、相続税を負担すべきプレイヤーは増えていくことだろう。

遺産相続額――4743万3000円

実は、プレイヤーが受け取る平均的な相続額というのは、行政関係者からは公表されていない。日本政府のみならず、ほとんどの政府が同じスタンスだ。一部の上位プレイヤーが平均額を引き上げてしまうため、一般プレイヤーの実感とかけ離れた数字になり、それが強い不平等感を与え、社会不安の1つになることを懸念しているためだろう。

遺産相続額に関する民間の調査として、「旭化成ホームズ」が2013年7月5〜6日にかけて行ったデータがある。これによれば、平均的な遺産相続資産は4743万3000円となった。多くのプレイヤーにとって、この相続資産は実勢よりも大きすぎると映るのではないか。相続額（想定）が1億円以上になるプレイヤーが全体の11％、2億円以上では全体の3・9％のプレイヤーが該当するという。さらに桁違いのプレイヤーたちもおり、こうした一部プレイヤーが平均額を押し上げていると言えよう。

ただし、上位プレイヤーになればなるほど、極めて多くの相続税対策の選択肢が出てくることには注意したい。国家間で巨額の資金を往《ゆ》き来させるレベルのプレイヤーになれば、各国ごとの税法の知識を駆使し債券や不動産や各種ファンドを利用した節税を試みるだけでなく、慈善団体に資金を移動したり、プライベートバンクやタックスヘイブンを活用することで、実質的な相続額を大きく抑えることができる手法が数多《あまた》存在している。

一方で、最も課税の負担にさらされるのが、中産階級の上位層にあたるプレイヤーたちだ。

これらのプレイヤーが取り得る選択肢は少なく、また節税手法も次々とふさがれている。この層には政治的対抗手段がほとんどないので課税しやすく、数も多いため、ここからなるべく多くの税金を確保しようとするのは、行政関連プレイヤーとしては当然の姿勢であろう。

遺産相続での紛争イベント

遺産相続イベントを軽視し、発生に向けての準備を怠っていると、プレイヤーによっては憂鬱《ゆううつ》なイベントにも展開してしまう。平成26年度の「司法統計」から「遺産分割事件」に関わるデータを抜き出すと、遺産相続で親族間で揉《も》め、裁判にまで至ったケースは1万2257件もある。1件ごとの事件に複数の相続人が関わるため、この数倍にあたるプレイヤーにとって、遺産相続イベントが深刻なものになってしまうと考えられる。

「自分は相続財産が少ないので関係ない」などと考えるプレイヤーがいるかもしれないが、それは間違いだ。同じく「司法統計」から、裁判所で争われる遺産の規模を確認してみよう。

紛争になった資産規模

1000万円以下――31・9%
5000万円以下1000万円超――43%
1億円以下5000万円超――12・6%
1億円超――7%
金額不詳――5・6%

見ての通り、1000万円にも満たない遺産相続規模で、3割を超える争いが発生している。財産がないから関係ないと高をくくっていたら、親族プレイヤー間で醜い争いが発生し、ゲームプレイに著しい制約を受けてしまう可能性が十分にあることを、すべてのプレイヤーは理解しておいたほうがいいだろう。たった50万円の遺産相続であっても、争いになるときはなるものだ。争いが裁判所に持ち込まれれば、多額の裁判費用を要するだけでなく、審理には1年や2年という長い期間がかかり、人間関係もすっかりこじれてしまうことにもなりかねない。

こうした事態を避けるためにこそ、このイベントの発生を予《あらかじ》め十分に予想しておき、親族間でのこの問題に関する話し合いを円滑に行い、親プレイヤーには適切な遺言状を用意させて臨むべきであろう。

さらに効率的なプレイを追求するために

相続には、引き継いで困るものもあるために、事前の準備が必要だ。

その一つは、立地が悪く、活用の術もない不動産であろう。不動産とは文字通り、動かせない資産である。プレイヤーの名義になってしまえば、捨てたくても捨てられない。自分が住む予定もなく、誰も借り手がいない不動産は、固定資産税だけが毎年発生し続けることになる。

人口減少が急速に進む日本にあって、現時点で二束三文《にそくさんもん》の土地・建物は、今後ますます需要が減り、売りたくても売り払えない状況も到来しよう。実際に地方にいけば、すでに買い手が付く見込みなどない家が無数に存在している状況だ。将来にわたって借り手が見つかりそうにない土地・建物については、なるべく早く所有者と相談しておき、一刻も早く換金しておくのが効率良いプレイスタイルである。

一方で、一部の都心や、人口増加中のごく限られた立地にある不動産については、人口減少が進む日本にあっても活用の余地は大きいから、相続対策を入念にしたうえで確保しておくのは悪い選択ではない。人口減少が進む社会では、ごく一部の大都市だけに人が集住する現象が歴史的に知られているからだ。

同様に、墓についても注意が必要だ。墓や仏壇については、「祭祀《さいし》財産《ざいさん》」と言われ、相続税の対象から除外されている。そのため節税対策の1つとして、ゴールドで作られた仏像などを配した仏壇を用意しておく方法が知られている。ただし墓には、固定資産税の支払いに困る不動産と似たような性質があり、それを管理する寺院に管理費を支払わなくてはならない。プレイヤー本人が、ゲームオーバーとなったあとにその墓に入りたいという思想を持っているのなら別だが、自分が管理できないような墓ならば、これも早い段階で処分しておくのが賢明なプレイスタイルになると思われる。

7　年金生活

老齢基礎年金（国民年金）受給プレイヤー――3064万人

年金財政の破綻の可能性がささやかれ出して久しい。また、「年金だけでは暮らしていけない」という声もあるし、「生活保護のほうが給付額が多い」というのも現実だ。

こうした声があふれ出しているにもかかわらず、基礎的な数字すら把握していないプレイヤーは意外と多い。そのためまずは全体の概要を確認しておこう。

まず、老齢基礎年金（そのうち国民年金）を受給しているプレイヤーの数は、実に3064万5654人となっている。驚くべきプレイヤー数だ。そしてこの数字は増え続けている（厚生労働省年金局「厚生年金保険・国民年金事業の概況」、平成27年12月）。

2015年には、日本のプレイヤー総数に占める65歳以上の割合は26％だった。これは世界でも類を見ない数字であり、世界保健機構（WHO）や国連の定義によれば、65歳以上の高齢者が人口の7％を超えると「高齢化社会」、14％を超えると「高齢社会」、そして21％を超えれば「超高齢社会」とされている。日本はすでに「超高齢社会」に突入しており、今後ますます高齢化の進行が早くなる。

2055年には、日本のプレイヤー総数の40・5％が65歳以上で占められることになり、現役世代1・3人で、1人の老人を支えなくてはならない社会になるとされる（国立社会保障・人口問題研究所「日本の将来推計人口」）。

世界史上類を見ないほどの超高齢社会であり、こうしたゲームワールドが成り立つはずもない。

年金はいくらもらえるのか――国民年金平均受給額5万4000円

日本における年金制度は3階建てなどと呼ばれ、国民年金や厚生年金など幾つかの段階があるが、この区別はなんら本質的なものではない。

ひとまず現時点の数字としては、サラリーマンクラスにて長年会社にて勤め上げたと考えると、プレイヤーが受給する厚生年金の平均受給額は月14万8000円となっている。フリーランスクラスを選択しているような個人事業主の場合には、国民年金の平均受給額は月5万4000円でしかない（「平成26年度厚生年金保険・国民年金事業の概況について」）。

ただし、これはあくまで現時点の平均額である。これからますます超高齢社会が深化する日本にあって、この状況が良くなっていく可能性は考えづらい。いっそう厳しさを増すことを大前提として、あらゆるプレイヤーは年金受給開始から死ぬまでの期間における準備を整えておかなくてはならないだろう。

年金に襲いかかる危機

年金について想定すべき第1は、インフレによる実質的な年金支給額の減少である。自分が現役時代にコツコツ払い続けてきた高額の社会保険料が、老後の自分の人生を豊かにしてくれるという単純な考えは間違いだ。年金財政のみならず、政府財政自体が苦しい日本政府は、常に経済環境をインフレに導きたいという誘惑に駆られている。いや、日本政府が意図するかどうかにかかわらず、現在の1万円の価値は、未来において必ず減価していることだろう。インフレについては特に重要なため別の章で扱うが、将来の年金受給とインフレは切っても切れない関係にあるため、数十年後を考えるにあたっては押さえておかなくてはならない点である。若い世代ほど、年金受給は遠い将来の話になる。したがって、その間のインフレ進展は相当程度に受け入れておくべきである。

第2に、強烈な速度での超高齢化だ。

すでにして、想像を絶する数の年金受給プレイヤーがいることは見た通りだ。2015年時点において、現役世代2・3人で、1人の年金受給プレイヤーを支えている状況にある。現状でも行き詰まりは見えているが、これが2055年には現役世代1・3人で、1人の年金受給者を支えることになる。このシステムが未来も成立しているという前提で行動してはならないであろう。

それでも年金システムが消滅する可能性は低い

こうした未来予測のもとで、若いプレイヤーの間では、「年金システムなど、いっそなくしてしまったほうがいい」という声すら聞かれるようになった。

しかし結論から言うと、年金システム（あるいはそれに類するような高齢者保護システム）がなくなる可能性は非常に低い。理由は簡単で、政府にとっては、弱者救済を完全に切り捨てるようなことになれば、人心の動揺や大きな社会不安を誘発し、進退窮まった人々が過激なデモや暴動を引き起こし、結果的にワールド全体のコストがさらに高くつくことになるからだ。また、放り出された老人たちも、結局は子どもが個別に扶養するという事態になれば、若いプレイヤーも高齢プレイヤーも共倒れとなってしまうであろう。それらの状況を防ごうと生活保護を増強すれば、政府負担はいっそう重くなる。

年金システムが消滅して本当に困るのは政府のほうであると信じられるがゆえに、年金システム自体がなくなる可能性は低いものと見なすことができよう。年金額には期待できないし、システムの変革は必ず迫られるであろうけれども、最底辺レベルのセーフティネットは将来にわたっても大丈夫だと想定される。

だがしかし、ゲームの1プレイヤーとして幸運なプレイを求めるならば、政府が革命などを避けるために施す最低限のセーフティネットに期待を寄せていいはずがない。

親の介護の項目でも触れたように、ゲームを終えようとする最後の瞬間の幸福感は、ゲームプレイを通したあらゆる幸不幸の感情を覆してしまうほどのインパクトがあるものだ。だからこそプレイヤーは、ゲームを終える間際までのライフイベントを把握し、突発的なバッドイベントにも対応できるようにしておき、入念な計画を以てプレイに臨むべきであろう。

8　ゲームエンドの間際

このゲームのエンディングは、プレイ期間の終焉《しゅうえん》とともに、すべてのプレイヤーに訪れるものだ。

およそプレイヤーというものは、人生を俯瞰《ふかん》的に見る冷静な視点よりも、目先の感情や日常に大きく心揺さぶられてしまうものである。どれほどの賢者であっても、いま目の前にある情動から逃れる術《すべ》は持っていない。また、高齢になればなるほど、よりいっそうその日の出来事に感情を強く支配されるようになってしまう。

多くのプレイヤーはまったく想定していないものだが、実のところゲームエンドを迎える間際のプレイヤー本人の気持ちというのは非常に重要なものなのだ。ややもすれば、長期間にわたるゲームプレイ全般を通した幸不幸と同程度か、あるいはもしかしたらそれ以上に各プレイヤーにとって重要な点となる。

だからこそ、末期における自身の介護問題、日々の年金生活の安定化などはプレイヤーの幸福追求にとって重要なことだ。いたずらに老後を心配するのではなく、積極的なエンディングを迎えるために、なるべく準備が間に合う段階から、周到に体制を整えておかなくてはならない。

エンディングに向かう意識付けが万全ならば、たとえゲームプレイ全般を通して多くのマイナス点を抱えていたとしても、不治の病に冒されようとも、あるいは場合によっては比較的若いうちにゲームプレイを終了することになったとしても、大筋のところでプレイヤーは悪くないゲームエンドを迎えることができるだろう。

第三章　ビッグイベント

1　日本国財政破綻

ここまで、このゲームにおける基礎的なイベントを概観してきた。多くのプレイヤーにとってこの壮大なゲームが破綻したクソゲーと映るのは、単に基本的な仕組みを理解していないためであることが理解できただろう。大味なところはあるし細部のバランスも酷いものだが、少なくとも、ゲームプレイをすっかり諦めてしまうほど支離滅裂なクソゲーではないことは確かだ。

本書はこのゲームの初級攻略本である。基礎的なルールを押さえ、全イベントの進行を理解しておけば、たったそれだけで他のプレイヤーたちから頭一つ抜け出すことが可能になるだろう。

ただ実のところ、今まで見てきたライフイベントは、ある程度の発生時期を予測することができ、比較的マイルドなものばかりなのだ。ここから先は、プレイスタイルを激変させることが確実なイベントを取り上げていく。

さて、そう遠くないタイミングで、ほぼ100%だと言い切れる非常に重大なイベントが控えている。このゲームにおいて、すべてのプレイヤーが必ず1度は遭遇することになるイベントだ。このイベントをどう乗り越えるかは、その後のゲームプレイの選択肢にも大きく影響してくることになるだろう。

日本国の財政破綻　発生確率――100%

実に、確率100%のビッグイベントだ。

本来、すべてのプレイヤーはこのイベントに身構えていなくてはならない。しかし多くのプレイヤーは、何の対応もせずにこのイベントに臨むことになるだろう。ここに、ゲーマーの腕の見せ所がある。

攻略法無数、裏技満載。他のプレイヤーが撃沈していくなかで、自らの地盤を固め、プレイスタイルの幅を急拡大させることができる極めて面白いイベントになるに違いない。プレイヤーによってはボーナスイベントにもなりえる。

人類の歴史全体を見渡せば、あらゆる国と地域において、必ず一定間隔でこのイベントが発生している。プレイヤーの人生が80〜90年だと仮定すれば、むしろその期間に自分の所属する国や地域の財政が一度も破綻しないなどということのほうが稀《まれ》だ。それゆえに、イベントの発生に目を向けないプレイヤーのほうに絶対の落ち度がある。

日本政府は膨大な額の国債を発行して借金財政を回していることはすでに広く知られている。２０１６年の日本政府の予算は約96・７兆円だ。対して、税収とその他収入を合わせても、63・１兆円に過ぎない。この差額に相当する33・６兆円は国債を発行することで（国が借金をすることで）まかなわれている（財務省「平成28年度一般会計予算概要」）。

また、日本政府全体としての総債務は１２７７兆円に達し、ＧＤＰ（国内総生産）の２・５倍の額にまで膨れあがっている。いうまでもなく、これは世界最大の債務比率だ（日銀資金循環表）。

税収不足の穴埋めをするために、未来永劫《えいごう》、国債をどこまでも発行し続けることはできない。国債は、国家が証券発行という方式で行う借入金のことである。それゆえ、どこかで必ずこの状況が是正されるべきタイミング（発行済み国債が暴落する、国債が発行できなくなる、等）があり、それが日本国の財政破綻イベントの発生というわけだ。

財政破綻、全分岐ルート徹底解説

日本の財政破綻の確率が100%などと言い切ると、必ず反論がくるに違いない。実際のところ経済学者やエコノミストの間でも、「財政破綻する派」「財政破綻しない派」が分かれ、激しい議論が続いている。

しかし重要なのはイベントのルール、プレイヤーが採り得る行動方針、イベントから得られるボーナス、失われるものなどを理解することだ。その観点からすれば、以下に挙げるいくつかの進行は、すべて一括して「財政破綻」ととらえるほうがむしろゲームプレイの上では有効だろう。

イベントの進行には4つの分岐ルートが用意されている。どのパターンを取ってイベントが進行していくかは、そのタイミングでの世相、国際政治、そしてランダム要素が絡む。

では財政破綻ミッションの分岐ルートを、それぞれの分岐確率を考えながら検討していこう。

（1）金利急騰による破綻――50%

（2）金融抑圧――40%

（3）ハイパーインフレ――5％
（4）新たなバブル生成による隠蔽《いんぺい》――5％（世界金融危機、戦争などに繫《つな》がり別ミッションへと進展する）

（2）金融抑圧などは財政破綻としない論者も一定数いるが、本書においてはこれらすべてを「日本国の財政破綻」としてくくっている。なぜなら国全体として支払うべきコストは、どの分岐ルートを辿《たど》っても同じだからである。コストとは、このイベントにより失われる国富、そして各個人の損失の総合が、最終的には同じ数字に収斂《しゅうれん》するということだ。これはゲームワールド全体としての視点である。

ただし、どの分岐ルートを歩むかによって、各プレイヤーには大きな違いが発生する。どの階層および年代にとってより大きなコストになるかが、ルートごとに異なってくるのだ。

分岐ルート（1）金利急騰による破綻――50％

金利急騰による財政破綻は、日本国債の金利が急騰して、日本政府の利払いがかさみ、実質的にそれ以上の借金が不可能になることだ。

単に新しい借金ができなくなるという単純な話だけでは終わらない。すでに国債という借金証書が社会に広く流通してしまっていて、その額は1000兆円近くに達している。新しい国債の金利が急騰すれば、すでに発行して流通してしまっている国債の価値がそれだけ下落してしまうのである。仮に、国債の金利が3%上がったとすると、およそ190兆円もの損失が日銀と民間金融機関に発生すると指摘されている。日銀と民間金融機関にそれだけの損失が発生するということは、企業や家計にはさらに甚大な波及的効果をもたらすことだろう。

ちなみに1991年の日本のバブル崩壊においては、1991～2003年の13年間をかけて、政府が被った損失は189兆円に達した。これに派生して、家計が受けたダメージの総計は623兆円、企業（非金融機関）が受けたダメージの総計は466兆円となっている（三菱UFJリサーチ&コンサルティング調べ「バブル崩壊による部門別損失（1991～2003年の間）」）。

日本のバブル崩壊による上記のダメージ計算は13年間にわたるものだが、この「分岐ルート（1）金利急騰による破綻」となれば、おおよそ2～3年間という短期間に圧縮されると考えておいたほうがいいだろう。

この分岐ルート（1）において、最も甚大な被害を受けるのは、年金生活を営むスッピンプレイヤーであろう。多くの高齢者は、年金によってようやく生活を成り立たせているため、政府が財政をやり繰りできなくなると、実質的な年金受給額は圧縮され、医療費負担も増やされることになる。

一方で、若者層や、勤労意欲とスキルを持つプレイヤーにとっては、著しいダメージにはならない。なぜなら世の中の仕事が消失してしまうわけではなく、経済状況を後追いする形で給料も上がっていくからだ。一時的な失業率悪化の時期を乗り越えれば、それほど悲観すべき状況にはならないであろう。

日本の資産の分布は高齢者層に大きく偏っているが、このイベント発生を通して状況が是正され、高齢者層から若者への富の移転が起こるキッカケにもなるに違いない。社会全体としては巨大なマイナスイベントには違いないが、若ければ若いほど、勤労意欲が高ければ高いほど、個々人のプレイヤーの相対的なダメージを緩和してくれるはずだ。

分岐ルート（2）金融抑圧――40％

このイベントにおける金融抑圧は、物価が上昇するにもかかわらず、中央銀行があらゆる手段を用いて金利を低く抑えつけることを言う。より具体的に言えば、預貯金金利が0・1%のときに、物価上昇率が10%だとすると、銀行にお金を預けても1年後には100万1000円にしかならないのに、商品のほうは110万円になっているということだ。このケースでは、1年間で実質的に9万9000円分の損失を被ったともみなせる。

こうしてお金の価値が自動的に下がっていくということは、日本政府としては借金がその分だけ実質的に減少していくということである。財政破綻に直面して、政府・行政プレイヤーの仕掛けにより、この金融抑圧が行われる確率は40%程度だと想定しておこう。

この金融抑圧は、「財政破綻ではない」と強く主張する経済学者や評論家などもいる。しかしそれは定義上の問題に過ぎず、全体として受けるダメージ規模は、「分岐ルート（1）金利急騰による破綻」と変わらない。

では、分岐ルート（1）と（2）では何が違うのか。

違いは2点ある。

第1に、「（1）金利急騰による破綻」は2～3年程度で一気にケリが付くのに対し、「（2）金融抑圧」は非常に長い期間にわたって続くことだ。数十年かかるとみていい。

第二次世界大戦イベント直後、戦争で疲弊したイギリスには、GDPの2・5倍もの規模に及ぶ国債残があった。現在の日本と同じ規模だ。そこでイギリスでは金融抑圧を採用し、長い期間をかけて債務を圧縮することに成功した。だがその間のイギリスは長期にわたって経済規模が縮小し続け、社会の活力が失われる状況にもがき苦しむことになった。

違いの第2は、ダメージを受ける年代層の違いだ。「(1)金利急騰による破綻」では主に高齢者層が激しいダメージを受け、若者層は比較的有利なプレイ環境を確保できる。しかし「(2)金融抑圧」では、この関係が逆転する。国家全体がジワジワと衰退するだけであり、政治システムに革新的な転換が起こるわけではないため、高齢者層はマイルドに減少する年金を受け取り逃げ切ることができる。そして、そのしわ寄せはすべて若者に覆い被さることになるだろう。

この金融抑圧は、若いプレイヤーにとって恐怖のシナリオだ。長期間にわたって暗い時代を過ごすことを強いられることになる。もし日本でも、戦後イギリスのようにこの方式が採用されたならば、若いプレイヤーは一刻も早く他の国に移動することが、最も効率の良いプレイスタイルとなるに違いない。

分岐ルート（3）ハイパーインフレ——5%

（2）金融抑圧では、物価上昇を無視して金利を抑えつけることで、お金の価値を目減りさせ、長期間にわたっての国家債務削減を目指す方式だった。しかし（3）ハイパーインフレは、これが瞬時に起こる。単純な理屈だが、円の価値が実質的に2分の1になれば、政府の借金も2分の1になる。

もし今日100円で買えた商品が、明日には1万円になったとすれば、お金の価値は1日で100分の1にまで減少したことになる。つまり政府の借金1000兆円も、実質10兆円程度のインパクトに収まってしまうということだ。これなら返済できるだろう。もちろんこの場合、銀行預金として1000万円を所有していたプレイヤーも、その実質的価値が10万円程度にまで目減りするということだ。

こうしたハイパーインフレはそれほど珍しい現象ではなく、歴史上至るところで起こってきたし、現在進行形で似たような状況が進展している国や地域もある。近年では、7年間で物価が650万倍に達したジンバブエが有名で、最終的には100兆ジンバブエ・ドル紙幣が発行されるまでになっている。

日本においても、第二次世界大戦に前後して、膨大な軍事費をまかなうために政府が発行したお金の量が巨額に及んでいたため、8年間で物価は300倍にもなり、お金の価値がほぼ無に帰した歴史がある。

ただし、いくら日本政府が返済不可能なほどの国債残を抱えていたとしても、(3)ハイパーインフレが起こる可能性は比較的低めと想定していいであろう。ハイパーインフレは、生産設備が過剰で、物が溢《あふ》れる経済のなかでは、そう簡単には発生しない。常軌を逸した規模での通貨発行がなされるか、何らかの生産設備の破壊などを通して物が容易に入手できなくなった場合に、発生する可能性があるイベントである。日本の場合には、財政破綻イベントのタイミングと、巨大地震など他のビッグイベントのタイミングが重なると、ハイパーインフレを招きやすい環境が到来すると言えよう。

このハイパーインフレの場合も、政府の借金の圧縮が極めて短時間で行われるため、「(1)金利急騰による破綻」と同じく、年金に頼る高齢者プレイヤーほど厳しい状況に陥り、相対的に若者層が優位なプレイ環境を得ることに繋がろう。

分岐ルート(4)新たなバブル生成による隠蔽——5%

より巨大なイベント、世界金融危機、戦争などが発生することにより、相対的に、影響が半ば有耶無耶《うやむや》になってしまうパターンである。

この分岐ルートに進む可能性はかなり低いものの、ゼロではない以上、考えておかなくてはならないパターンだ。目先の危機を回避するため、政府が予想外の部門に膨大な資金を注入したりすることでバブルを発生させ、危機を先送りする手法のことである。

これがリアルタイムで行われているケースとしては、2017年現在の中国であろう。中国は今まで幾度も不動産バブルの崩壊や、金融システムの破綻が叫ばれながらも、これを隠蔽し、危機を先延ばしすることに成功し続けてきた。政府や中央銀行が一丸となって特定部門に巨額の資金を突っ込み、新しいバブル生成によって危機を隠蔽してきたのだ。

単に危機を先送りしているだけで、いずれ爆発する際の威力が増すだけなのではないかと思われるかもしれない。だがこのゲームワールドは、自国だけで成り立っているわけではないことを忘れてはいないだろうか。

世界恐慌が起これば、日本の財政破綻など相対的に小さなイベントの1つになろうし、戦争イベントが発生するとなれば事態は新たなステージへと進展しよう。場合によっては、たとえばアメリカや中国などの大国に思わぬ大好況が訪れ、それに引きずられるようにして日本の経済環境も上向かないとも限らない。AIが人類の諸問題を解決するような、大掛かりなブレイクスルーが訪れることとてゼロだと言い切れない。

だから先延ばしは、まったくの無意味というわけではないのだ。生き延びる可能性を見出すための一《いち》か八《ばち》かのバブル生成であり、また政治・行政プレイヤーの1人という視点からみれば、自分の在任期間中に問題を起こさず、後任プレイヤーに責任を押しつけることも、ゲームプレイのテクニックの1つであろう。

プレイヤー個人が生き延びるために

イベント「財政破綻」が発生すれば、相当に深刻な不景気が発生することは避けられない。そのため、失業率も増大するし、新しい物事に挑むチャンスも狭まろう。

最もダメージを受けるクラスは、フリーランスプレイヤーであろうと予想される。経済危機にあって、芸術や文化活動にはお金が回らなくなることは明らかだ。また受託によって業務をこなしているだけのフリーランスは、サラリーマンプレイヤーよりも仕事が途切れやすいと想定しておこう。

次にダメージがあるのはサラリーマンプレイヤーである。だが、スキルのあるなしや、自分が所属する分野によって、大きな開きが出てくることは理解すべきだ。日本国の財政破綻によって国内経済が危機に陥ったとしても、輸出業に携わるサラリーマンプレイヤーは比較的安泰でいられる。逆に内需だけに頼るプレイヤーは苦しい戦いを強いられることだろう。

リーダープレイヤーは、フリーランスやサラリーマンより自由な立ち位置にあるため、このミッションを先読みすることで、より良いプレイ環境を得ることも可能だ。しかし旧態依然とした企業を経営し、先読みを怠るリーダープレイヤーは、このイベントの発生で進退窮まることになるかもしれない。

ファーマープレイヤーは、元々苦しい経済環境に置かれているため、このイベントが発生しても、そこまで大きな苦境にはならないであろう。自分たちで必需品を生産できることも強みに働く。ファーマープレイヤーは、危機にこそ強いことを思いだそう。ただし、日本国の財政破綻程度では、ファーマープレイヤーに真の光明は訪れない。巨大災害や規模の大きな戦争こそ、ファーマープレイヤーを輝かせる舞台となる。

また、いかなる分岐ルートを歩もうとも円の価値が低下するのは避けがたいのだから、その逆方向に変動する資産を一定以上確保しておくことが、全プレイヤーにとって有利なゲームプレイのためには必須の条件だ。円の価値が低下するということは、ドルが上昇するかもしれない。しかしアメリカとて盤石とは言えないのだから、ドルも危機を迎える可能性は高い。あらゆる通貨と反対の動きをする資産は、ゴールドを代表とする貴金属であろう。こうした経済・金融のパラダイムシフトにおいて有用なものは、このゲームの歴史を通して、ほぼゴールドのみであったことを憶《おぼ》えておいたほうがいい。

近年では、デジタルゴールドともされるビットコインのような暗号通貨も登場している。価値の激しい上下動が予想され、そうした相場に立ち向かえる人になら面白い資産となる可能性がある。ただし、多くのプレイヤーは「暗号通貨なら誰かの手によって無尽蔵《むじんぞう》に発行されることはないから価値が保たれる」と思い込んでいるが、それは違う。ビットコインなど特定の暗号通貨は権力者の意思によって勝手に発行されることはないが、暗号通貨自体は技術的スキルさえあれば誰でも発行できるからだ。

いずれにせよ最も強いのは、いかなる経済危機においても必要とされる事業を有していることだ。仮に手持ちのお金が目減りしようとも、求められる事業を有していれば、経済環境に応じた収入を獲得することが可能だ。もちろん、そうした事業を有するためには、並々ならぬ努力が必要である。それだけに、有用な事業の所有はあらゆるリスクヘッジ手段のなかで最も強力なプレイヤーの武器になってくれるだろう。

2　世界金融危機・大恐慌

世界金融危機・大恐慌　発生確率——100%

資産の項（第一章）で「信用創造」について確認した。マネーが銀行を介し膨れあがっていくシステムだ。しかし当然ながら、このマネーの増大は、未来永劫《えいごう》どこまでも続くわけではない。

この信用創造によって創り出されるマネーは、プレイヤーの誰かが銀行から借金をすることで生まれる。あるプレイヤーがマンションを購入するために3000万円のローンを組む場合、実際に現金がプレイヤーに手渡されるわけではない。銀行のデータとして3000万円が書き込まれることで、そこにマネーが創造されるわけだ。

新たに創造されたマネーは、そのプレイヤーの債務返済能力によって保証されている。プレイヤーが債務を返済する能力を持ち続けている限り、その3000万円はワールドで機能し、信用創造システムのなかでさらなる膨張を遂げていくわけだ。

だがしかし、この借金をしたプレイヤーが債務を返済できなくなってしまったら……果たして、突如このワールドに生まれ落ちたマネーはどうなってしまうのだろうか？

答えは明らかだ。プレイヤーの債務返済能力によって保証されていた3000万円は、その価値に何の裏付けもなくなってしまうことになる。

ただし、事はそれだけでは終わらない。この新たに産み落とされていた3000万円は、銀行を介して、別の場所で別の信用創造をして億単位のお金に膨れあがっている。ということは、この大本の3000万円の価値が崩れれば、その先で膨張しているマネーの価値まで同時に瓦解《がかい》してしまうわけだ。

マネーは逆回転を始め、膨れあがった分だけ、急激に収縮をすることになる。お金を借りていたプレイヤーたちは次々と返済を求められ、返済することによって借金が消えるから、生み出されたマネーも同時に消えてゆく。ワールド全体に流通するお金も減り、収縮が収縮を呼び、やがて信用創造システムは崩壊する。

この収縮、崩壊の過程が極端なところまで行き着くと、恐慌・金融危機と呼ばれる現象になるのだ。このマネーの増大と収縮の過程は資本主義システムに組み込まれているものであり、永遠にマネーが膨張していくわけもないのは当然である。

恐慌・金融危機は定期的に繰り返されている

恐慌という経済危機は、19世紀に入ってから頻繁に確認されるようになった。小さな危機も含めれば、資本主義システムの下では、8～12年程度の周期で恐慌が発生するようになっていく。とりわけ世界を震撼《しんかん》させた巨大な危機は、1929年の世界大恐慌であろう。

ここでは、この50年くらいの期間に起こった重要な世界的危機について確認することで、あらゆるプレイヤーにとってこのイベントからいかに逃れられないかを確認していきたい。特に、1971年に金融界の一大転機となったニクソンショックにおいて、ドルとゴールドの兌換《だかん》が停止され、切り離された瞬間から、ゴールドという碇《いかり》を失ったマネーの大波は、天文学的規模にまで膨れあがり現在に至っていることは覚えておこう。

［1971年　ニクソン・ショック］ 事実上の金本位制は消滅し、マネーはゴールドの裏付けから解き放たれ、金融は自由化に向かう。そしてマネーの大膨張が始まっていく。

［1973年　第一次オイルショック］ 第四次中東戦争が勃発。これを受けて原油生産の削減、原油価格高騰と、それによる世界の経済混乱。

［1979年　第二次オイルショック］イラン革命により、イランでの石油生産が中断。それによる世界の経済混乱。

［1987年　ブラックマンデー］ニューヨーク証券取引所を発端にした、史上最大規模の世界的株価大暴落。

［1991年　日本バブル崩壊］低金利政策により日本における信用創造の規模は極限まで膨れあがっていたが、地価の下落に端を発する信用創造の逆回転（信用収縮）は、金融機関に甚大な不良債権を生み出し、未曽有の不景気に陥った。その後の失われた20年、日本の長期低迷へと繋《つな》がってゆく。

［1997年　アジア金融危機］アメリカのヘッジファンドプレイヤーを主体にした、巨額の通貨の空売りによって、アジア各国は急激な通貨下落現象に陥った。これによりアジアを中心に、多くの国で金融危機が引き起こされてゆく。これに相前後して、非常に多数の国で

金融危機が起こり、とくに翌1998年のロシア財政危機に繋がり、ロシア政府がデフォルト（債務不履行）を宣言し、さらに危機に拍車を掛ける。

【2007年　世界金融危機】サブプライム住宅ローン危機を発端とした、2008年のリーマンショックなどを含む、一連の世界的金融危機である。本項で説明した「誰か（サブプライム住宅ローンを借りた人々）が債務を返済できなくなることで、信用創造で膨らんだマネー規模が急激に縮小し、そのまま恐慌・金融危機になだれ込む」という流れを振り返ってもらうとより理解が進むであろう。100年に1度の危機と呼ばれたが、先進各国の中央銀行の膨大な資金供給により、危機の根源を先送りすることに成功している。

上述した危機は、あくまでゲームワールド全般に甚大な影響を及ぼしたものだけをピックアップしたものであり、各地域では、より頻繁に、多岐にわたる危機が発生している。どのような場所でプレイしていても、こうした危機の渦中にプレイヤー自身が巻き込まれないなどということはありえないことだ。

現在の状況

２０１０年前後の段階で、地球上の全プレイヤーが生み出す本当の価値の合計（実体経済）は、５０００兆円と言われていた。しかしすでにこの時点で、マネーがマネーを生み出す架空の経済（マネー経済）は、６京円とも7京円とも試算されている。ほんの30年ほど前には、実体経済とマネー経済の間にはほとんど乖離《かいり》が見られなかったにもかかわらずだ。

近年は、デリバティブという、金融工学によって生み出されたシステムが跳梁跋扈《ちょうりょうばっこ》しはじめ、地球上を覆いつくしている。デリバティブでは多様な仕組みが開発されていて、そのあり方は幅広い。金融商品のリスクを低下させたり、逆にハイリスクで大きな収益を得たりする手法として開発されたものだ。たとえば、１００万円を担保にして1億円の債券を買うような取引が可能となる金融商品だとイメージしてもらえればいい。自分が１００万円しか持っていなくとも、そのお金を担保にして、テコの原理のようにさらに巨額のお金を掛けて金融取引を行うことができる。

信用創造を魔法だとすると、デリバティブは3段ロケットだ。

信用創造は銀行によって仲介されるから、政府の影響力が及び、一定のルール付けができる。しかしデリバティブ取引は民間主体で行われており、規制にも限度があるため、実体が見えなくなっているということだ。

　そのため現在は、実体経済とマネー経済の乖離はさらに巨額になっているのは明らかだろう。ただし、その実像はもはや誰にもわからない。個々の主体が抱えるデリバティブ取引の規模が拡大しすぎ、管理当局すらどうにもならないレベルになってしまったのだ。本当にすべてが開示されたら、地球経済が崩壊するほどのインパクトとなろう。

　個々の状況について1つだけ例を挙げると、ドイツ銀行は、一説によれば８８００兆円ものデリバティブ残高を抱えていると言われている。これは実に、ドイツ国家全体のＧＤＰの20倍に達する額となる。これはわずか1行の銀行のケースだ。

　ここまで天文学的にマネー経済が膨らみ、実体経済との乖離が大きくなればなるほど、いずれゲーム内で引き起こされるイベントによって、金融経済が崩壊する可能性もあるだろう。崩壊のタイミングが先延ばしされればされるほど、その破壊の威力は貯《た》めこまれていくだけである。巨大に膨れ上がった風船は、いずれ針の一突きで爆発するはずだ。

　各プレイヤーはそのことを決して忘れてはならない。そして来るべきビッグイベントのタイミングを慎重に見極め、雌伏して時が至るのを待ち、多くのプレイヤーが続々脱落していくのを横目にしながら、危機を自らのチャンスへと変えていくべきだろう。備えさえ怠りなくば、あらゆる巨大イベントが、賢いプレイヤーにとっては常に最高のプレイの見せ場になってくれるはずだ。

3　企業の倒産

小企業の10年後の生存率——26％より遥《はる》かに下

大半のプレイヤーは、何らかの企業に深く根を張って生きている。サラリーマンプレイヤーなら、自分が勤める企業の浮沈は切実な問題だし、リーダープレイヤーなら自社の命運が自分の人生そのものと直結している場合が多い。またフリーランスであっても、特定の企業から仕事を発注してもらうことによって生活が成り立っている場合が多いはずだ。ファーマープレイヤーも、自分の生産物を市場に販売できるのは企業の活動があってこそである。スッピンであっても、企業から配当などを得ている立場であれば、その活動とは無縁ではいられない。

では、多くのプレイヤーにとって活動の重要な基盤になる企業とは、どこまで生存し続けることができるのか。まずは「２００６年度版中小企業白書」から、小さな規模の企業の生存率を検討していく。

1年経過後の生存率　73％
5年経過後の生存率　42％
10年経過後の生存率　26％
20年経過後の生存率　（資料なし）

ただしこの数字は、「製造業」であることと、「従業員が4名以上」という、それなりの会社のデータである。「サービス業」や「飲食業」など主流を占める企業生存率は26％よりずっと低いと想定されるであろう。

中堅以上の企業の10年後の生存率――70％

2011年版「中小企業白書」においては、別の企業生存率データも記載されている。

1年経過後の生存率　97％

5年経過後の生存率　82%
10年経過後の生存率　70%
20年経過後の生存率　52%

この数字は「帝国データバンクCOSMOS2」のデータベースに登録されてある企業群から抽出したものであり、規模が大きい会社に限定されている。それなりに安定した企業にあって、この数字であると考えることができるだろう。

逆に言えば、大企業の子会社のような規模の大きい会社でさえ、20年後には半分が消えてなくなっている可能性を見込まなくてはならないということである。

どれほど安泰に思われる企業でも、いったん業績が傾きだすと、経営危機までは一瞬だ。企業が永続するという思い込みをもってプレイに取り組んではならない。

4　自然災害

甚大な自然災害　発生確率——限りなく100%

日本に生成されたプレイヤーは、チュートリアル期間から災害を身近に感じているだろう。事実、日本では自然災害のリスクが突出して高く設定されている。日本の国土面積は世界の陸地総面積の0・26%に過ぎないが、全世界で起こるマグニチュード6以上の地震のうち、20・5%は日本で発生している。さらに、全世界の活火山の7%が日本に存在するというデータまである。

巨大地震や噴火は国の政治経済に大きな影響を及ぼすが、日本に設定されている災害可能性はそれだけではない。

たとえば東京都東部や名古屋市一帯は、広大なゼロメートル地帯を抱えている。大阪府も、海面とほぼ同じくらいの地帯が広がっている。今後の気候変動の影響によって大規模な水害が発生するようなことがあれば、重要な各都市は洪水で制御不能になる危険があるだろう。

さらに日本では東京という都市周辺に国家機能が集中している上、経済的中心ともなっている。ここが甚大な被害を被るようなことになれば、政治・経済・軍事など極めて幅広い側面に長期にわたって悪影響を及ぼすことになり、国家としてのプレゼンスが大きく低下してしまう可能性もある。

再保険会社スイス・リーは、2011年の東日本大震災の際、消極的な日本の保険会社に先行して、企業地震保険の発売を開始している保険会社だが、世界の大都市が抱える地震・津波・洪水などの自然災害リスクをまとめた報告書「Mind the risk: cities under threat from natural disasters」を2013年に公表している。これは世界616の大都市の、17億プレイヤーが直面している自然災害リスクをベンチマークしたものだが、東京・横浜が断トツで世界一危険な都市に指定され、いざ大災害発生となれば5710万人に影響が出るとした。世界の危険都市の第2位につけるのが大阪・神戸だ。

こうした巨大災害との巡り合わせは、日本でのプレイを続けていくつもりなら、誰もが想定しておかねばならない事態である。そして決して忘れてならないことは、こうした災害は必ず起こる(100%)ということだ。プレイ期間が長ければ長いほどプレイヤーがこのイベントに遭遇する確率は100%に近づいていく。

南海トラフ地震——プレイ期間中に遭遇する確率70〜91％

南海トラフ地震とは、プレート境界の沈み込み帯である南海トラフ沿いで発生する巨大地震のことである。この南海トラフ地震においては、超広域にわたって強い揺れ、巨大な津波が日本列島を襲い、甚大な人的・物的被害が予想されている超巨大災害である（地震調査研究推進本部 地震調査委員会「M9・1の最大規模の南海トラフ巨大地震の想定震源域」）。

これほど大規模な災害予想だと、かえって多くのプレイヤーから現実感を失わせてしまう。しかし発生確率は、実際にはかなり高い。この南海トラフ地震は定期的に繰り返されてきたし、これだけ大規模なものだけに、さまざまな文献が残っていて、時期もある程度まで予想できるものだ。

おおよそ90〜150年周期で起こる災害であり、前回の南海トラフ地震は、1944年の昭和東南海地震、1946年の昭和南海地震である。第二次世界大戦敗戦の前後だったため、戦争イベントのほうが記憶に残りがちであるが、日本列島に甚大な被害をもたらした大災害イベントだ。

前回の南海トラフ地震が1946年だとすると、すでに71年が経過し、発生タイミングに間違いなく近づいているということだ。政府の発表では、今後、南海トラフ地震が起きる可能性は、30年以内に70％としている（地震調査委員会）。

プレイヤーの今後のプレイ期間によって異なるものの、30〜60年間にわたって日本でのプレイを継続するとすれば、70〜91％のイベント発生確率があると想定できる。

首都直下型地震

首都直下型地震は、プレート境界によって起こる南海トラフ地震とは違うものだ。単純に言えば、プレート境界ではなく、直下で起こる地震である。

首都直下型地震は、想定しうる18種類の地震の総称であり、なかでも切迫性・重要性が高いものが東京湾北部地震とされている。

今後30年以内に震度6以上の揺れに見舞われる確率としては、東京都庁周辺にて47％、横浜市役所が81％、さいたま市役所が55％、千葉市役所が85％とされている。ただし留意すべきは、東京都庁やさいたま市役所などはとりわけ岩盤が固い地域を選んで建てられているので、地域全体の本来の発生確率よりも低めに算出されていることだ（「地震本部全国地震動予測地図２０１７年度」）。

この発生確率も、南海トラフ地震と同程度だと理解しておくべきだ。プレイヤーとしては、イベント発生はかなりの程度まで織り込んでおき、いざイベント発生時に揺れや火災に巻き込まれづらい、岩盤の強い地域で、耐震性の高い建物に居住することを心がけておいたほうがいいだろう。

富士山など火山の噴火による被害

日本最大の活火山である富士山は、現時点においては300年間ほど噴火を休んでいる状態だ。しかし、歴史的にも富士山がこれほどの期間にわたって噴火していないのは珍しく、それだけのエネルギーを溜《た》め込んでしまっている状態にあると言えよう。

1707年に起こった宝永大噴火では、噴火は2週間続き、噴出した溶岩石によって大きな被害がもたらされ、当時の江戸に降り積もった火山灰は2寸～4寸（6～12センチ）に及んだという文献が残っている。

何より重要な点は、仮に降り注ぐ火山灰が同じレベルだったとしても、現代と江戸時代とでは、受けるダメージが桁違いになるということだ。これだけ先鋭化された科学技術で成り立っている東京は、火山灰によって多くの機能が停止し、機械類やインフラに甚大な被害が発生することは疑いない。

文献や調査で確認している富士山の噴火記録については以下であり、300年間にわたって噴火していない期間は他にない（表2）。富士山の活動は現在も止まっていない。

また、南海トラフや相模トラフを震源とする地震の前後25年以内に、富士山の噴火が発生しているケースが非常に多いことにも留意が必要だ。世界史に刻まれる規模の地震とともに、それに相前後して富士山の火山灰による東京へのダメージは、今後50年程度のプレイ期間を考えれば、想定しておいたほうがいいイベントであろう。

また、本イベントについては、巨大地震と違ってエネルギーの規模が千差万別であり、等間隔に近い発生状況とも言えないため、適切な確率は割り出せないことを付言しておく。強いて言えば、巨大地震との連動性を鑑み、南海トラフ地震に近い発生確率があると想定しておくべきかもしれない。

781年	噴火
802年	延暦大噴火
864年	貞観大噴火
937年	噴火
999年	噴火
1033年	噴火
1083年	噴火
1435年	噴火
1511年	噴火
1707年	宝永大噴火

表2　富士山の噴火記録

自然災害の威力は文明を超える

大航海時代の500年前、ポルトガルの首都リスボンは、世界で最も繁栄した大都市の1つだった。目の前に広がる海を通じて、世界中から膨大な富と産物がもたらされていた。

しかし栄華を極めたポルトガルは、1755年にリスボンで起こった巨大地震を契機に、その様相を一変させることになる。直後に起こった大津波では膨大な人々が命を落とし、発生した大火災ではリスボン市街の3分の2が焼失し、ほとんどの建物が灰燼《かいじん》に帰した。

首都リスボンへのダメージは経済の基礎を崩壊させ、産業は空洞化、ポルトガルは現在まで至る「失われた250年」の長期衰退の道を歩むことになった。現在においても、ポルトガルには国家基盤を支えるような産業はなく、膨大な債務を抱え、ヨーロッパの問題児とされることすらある。巨大地震ひとつが、繁栄を誇った国家の根幹を突き崩し、その後の歴史を完全に暗転させてしまったのだ。

2011年に日本を襲った東日本大震災は、それに伴う原発事故も合わせ、たしかに日本国に大きなダメージを与えはしたものの、産業の中心である東京・名古屋・大阪への被害は少なく、国家としての根幹を揺るがすようなものにはならなかった。しかし、次に来る南海トラフ地震においても同様だろうとは言えない。

産業は東日本大震災以上の大ダメージを受け、想定外の人的被害も避けられず、日本には大きな混乱がもたらされることであろう。またその後も、その復興支援のために巨額のマネーがばらまかれ、瞬く間にインフレも急進するであろうことは想像に難くない。この自然災害イベントを、日本のプレイヤーは宿命と受け止め、怠りない準備と、心構えをしておくべきだろう。

5　戦争

戦争はあるのか

「歴史は繰り返す」という言葉にあるとおり、ゲームサーバに最初のプレイヤーが生成されて以来、このゲームはあらゆる闘争に彩られてきた。血塗られた殺し合いもあれば、英雄的な抵抗もあるし、隠然とした相克もある。ありとあらゆる時代、いかなる場所においてもそうだし、それはこれからも同じだ。

仮に、一切の争いがまったく存在しないワールドをデザインするとしたら、あらゆる生命存在がプレイヤー1人に限定され、他プレイヤーだけでなく食物連鎖のカケラすら見出《みいだ》せないワールドとなるだろう。モノを食べずに生命を維持することができるゲーム設計になろうし、どこまでいっても無機物しか存在しない。そのようなワールドにたった1人、90年間のプレイ期間を与えられて生成されたとしたら、あなたにはプレイを続ける自信があるだろうか？

ゆえに、闘争は肯定されるべきである。戦いはプレイヤーにとっての重要なコミュニケーションであり、ドラマであり、イベントであり、憎しみでもある。そして戦いがあるからこそ、愛や絆《きずな》が生まれるのだ。

学校でのちょっとした罵り合いも、街中での殴り合いも、日々の生活での怒りや憎しみも、政治的陰謀や戦争も、そのすべてがゲームをゲームたらしめている欠かすことのできない要素である。闘争本能は、プレイヤーすべてのＤＮＡに刻み込まれたプログラムであって、それが好ましいか、それとも悪いことなのか、そういう次元のことではない。ゲームゆえに、イベント豊かで彩りのある日々を享受するために、プレイヤーは戦い続けなくてはならない。

戦争が発生しないわけがない——これは揺るがぬ大前提である。考えるべきは、これからプレイヤーが向き合う戦争の姿はどのようなものなのか、そして戦争が起こるタイミング、自分自身が渦中《かちゅう》に巻き込まれるか否かであろう。

戦争の形態

人類は、文明の進化とともに、戦争のスタイルを変化させてきた。

まず第1期にあたるのは、古代から帝国主義時代前期（20世紀初頭）までであり、戦争には「決戦方式」を採用してきた。大軍同士が戦術を駆使して真っ正面からぶつかり合い、その勝敗によって戦争の帰結が決まるスタイルだ。社会全体を巻き込み、無法の限りが尽くされるような泥沼の戦いに陥ることのないよう、数々の戦いを経て人類が蓄積した知恵の結晶だったに違いない。

これが第2期に入ると、国民国家の力が強大化し、効率的に敵プレイヤーを殺傷できる弾道兵器の破壊力が大きく上昇したことで、戦争は、社会全体を動員する「総力戦」の様相を呈《てい》するようになってゆく。弾道兵器とは、発射してしまうと途中で軌道を変えられない砲弾や爆弾を指す。第一次世界大戦や、第二次世界大戦は、敵社会を根こそぎ破壊せねば勝利を得られず、このスタイルをもって戦われた世界戦争だ。そして第2期の末期、我々プレイヤーに核兵器がもたらされたことで、戦争には早くも新しい地平が切り開かれてゆく。

第3期は、「ハイテク戦」である。キーポイントは、宇宙から敵軍の配備状況を観察し、最小限の高性能兵器で、高い命中精度を以て、ピンポイントに敵の攻撃能力を奪い去ることだ。その最たる姿がミサイルや無人兵器であり、遥《はる》か遠方から、敵社会ではなく、敵の軍備を叩《たた》くのだ。

この第3期が現在まで続いており、今後ますます各国軍には無人兵器が配備されていくだろう。人工知能の能力が高まるにつれ、無人兵器のピンポイント攻撃能力、制圧力は増していき、いずれ戦争はミサイルと無人兵器が支配する局面を迎えていくことだろう。

ただし、ハイテクの精度が高まれば高まるほど、ハッキングの危険性も飛躍的に増すことになり、舞台裏においては情報戦争の様相も呈している。

また、こうしたハイテクや、それに対するカウンターが極まっていくほどに、それに対抗できない貧者のプレイヤーたちは、テロリズムという形態に活路を見出していく。テロリズムは、超法規的措置である戦争と、殺人などの犯罪行為との中間的な、境目が曖昧な戦いの仕方だが、今後ますます頻発し、ゲームワールドを揺るがすイベントが続いていくことだろう。

戦争の遍歴を学び、これからの主要項目である「ハイテクノロジー」「人工知能」「ハッキング」「テロリズム」についての理解を深めておくことが、戦争イベントに向き合うための大前提の知識であり、心構えである。

日本の場合

ゲームワールドへの理解を深めたとして、多くのプレイヤーにとっての最大の関心は、自分自身が戦争の渦中に巻き込まれる可能性があるかどうかとなろう。これには、当然だが「ある」と答えるしかない。

第二次世界大戦を経て、1945年に致命的な敗北を期した日本だが、たまたま幸運なことに、現在に至るまで戦争に巻き込まれることはなかった。

これには外的要因が大きく作用しており、先のイベントの勝利者であるアメリカが、日本を一定程度の庇護《ひご》下《か》においていたからだ。戦後長い期間にわたりアメリカは唯一の超大国として君臨していたし、その庇護下の日本に戦いを挑む国など、あるわけがなかったという状況が、こうした偶然を作りだしていた。もっとも、日本が享受した戦争とは無縁の期間も、肝心の庇護者であるアメリカのほうは、絶え間なく戦争を続けていた。

また日本の内的要因としては、決定的な敗戦による自信の喪失により、国内の厭戦《えんせん》感情が高い状態にあったことも、戦争イベントが発生しなかった理由として影響している。

現時点においては、隣国である中国の拡張的軍事政策の影響や、南沙諸島の領有権問題などで、漠然とながらも危機を感じ取るプレイヤー数は微増傾向にある。ただしそれでも、まだ戦争というものを、「本当にあること」として受け止めているプレイヤーは少ない。

これには幾つもの要因が重なっているが、最も大きな要素は、日米同盟という基軸が維持されており、なおもアメリカによる軍事的庇護下にあるという隠然とした状況が、こうした安心感を作り出していると言えよう。

ただし、その安心感は勘違いであり、目先の、期間限定のものである。日米同盟が、今後20年先、30年先の時点において、現状と同じ形で機能していると思い込むのははなはだ間違った姿勢だ。日米同盟が永遠であり、このパワーバランスは鉄壁だなどと考えていれば、致命的なプレイミスをおかすことになろう。

少なくとも現在のアメリカ、日本、中国という微妙な三角関係のバランスは先々まったく変わっているはずで、その分岐点において戦争が選択される可能性は高い。それは歴史が証明していることである。

もちろん可能性は低めでも、戦争以外のケースが選択される可能性も見込むことはできる。日本が、中国に対する屈辱的な朝貢を選択するケース。日本が、核武装を為《な》し遂げているケース。中国側が国家分裂イベントを発生させることで、勝手に内部対立を引き起こしてくれるケースなど様々だ。

しかし我々個々のプレイヤーにとって大事なことは、ライフイベント全体のなかで、まず戦争というメインシナリオを想定しておきつつ、リアルタイムで入れ替わってゆく地政学的バランスを注視しながら、他に発生する可能性のあるイベントを先取りして予想し、そのイベント発生に向けて怠りなく準備を続けていく姿勢であろう。

6　人口減少

未曽有の人口減少社会

２０１７年において１億２７００万人のプレイヤーが活動している日本であるが、２０１０年ころを境目にして減少傾向が始まっていた。すでに毎年２００万を超えるプレイヤー人口が減り続けている。１年ごとに、大阪市、名古屋市、札幌市レベルの都市が１つ消滅しているほどのインパクトだ。

国立社会保障・人口問題研究所によると、日本の総プレイヤー数は、２０６０年には９２８４万人、２１００年には５９７１万８０００人になるとしている（死亡中位仮定、出生中位仮定）。

人口減少は非常に大きな問題だが、さらに重大な困難を幾つも抱えている。それは人口構造の不均衡だ。高齢プレイヤーが多くなりすぎるのである（総務省統計局「日本の統計　第2章　人口・世帯」）。

すでに、現時点で超高齢社会に突入している日本だが、まだまだ序の口だ。目先の2025年には、国民の3人のうち1人が65歳以上、5人のうち1人が75歳以上という、かつてゲームワールドが経験したことのない社会へと向かう。

また、「親の介護」（第二章）でも確認したように、2025年には認知症患者が700万人と見込まれているが、患者として認定されるまでには至らない軽度のものまで含めると、1200万人以上になるのではないかとするデータもある。日本人プレイヤーの10人に1人がボケている状態ということだ。

これは、あらゆる物事に大転換をもたらす。大きな視点では、国力の急激な衰えにより日本の経済力を削ぎ落とし、外交力、軍事力は劣化していく。国際外交のキープレイヤーになることができなくなれば、その分だけ周辺の大国の政治状況に合わせて二転三転の政策を迫られることになろう。

また、人口が減少する社会においては、プレイヤーが大都市に集住する現象が知られており、東京首都圏へのさらなる人口集中によって、地方圏は壊滅的な過疎化、および高齢化に見舞われるのは想像に難くない。2035〜50年にかけて、自治体の49・8％（896自治体）が消滅する可能性があるとされている（日本創成会議・人口減少問題検討分科会）。

プレイヤーにとって切実なのは、各種制度の衰え、そしてインフラの劣化などであろう。各種制度については、年金システム自体が変革を迫られることになろうし、それに付随する生活保護や、医療についても劣化していくことは避けがたい。また図書館などの公共施設の維持も困難になり、一部都市を除いて閉鎖していくことになるはずだ。

インフラの劣化はより切実な問題だ。橋や道路のメンテナンスが困難になれば、交通手段にも影響を与え、地方の過疎化に拍車をかけるだけである。地方に残っている数少ない産業も閉鎖され、いずれ人はいなくなる。

人口減少に歯止めはないのか？

この人口問題に関しては、万策は尽きている。もともと大した手を打ってこなかったし、何か政策を発動したところで、どうにかなる問題でもなかったであろう。

ゲームワールドの傾向として、豊かな地域になればなるほど、出生率の低下は避けられない。

「今の若者は結婚したくとも、貧しいからできない。若者の年収を増やせば出生率は上がる」という主張もあるが、実際のデータではそれが逆であり、貧しい地域では出生率が高いことが明らかであろう。また日本国内のデータにおいても、年収が低い層の子どもの数はむしろ比較的多い傾向にあり、単純に年収を増やせば若者が結婚して子どもを産むという見立ては間違いだ。

唯一の解決策と考えられている政策は「移民の受け入れ」だが、相応に大きなデメリットも伴う手段であり、プレイヤー間においても議論がかしましい。

移民以外のいかなる取り組みも実効性は薄いに違いなく、大量の移民受け入れを選択しないか、または先延ばしするであろう日本においては、社会制度の様々な部分がじわじわとメルトダウンしていくことを前提にして、プレイヤーは行動方針を定めていくのが賢明であろう。

プレイヤーの方針は

プレイヤー個人としてみれば、上述した大局を理解し、受け入れておいたうえで、なるべく効率的なプレイ方針を選択していくべきであろう。

この人口減少問題は極めて甚大な影響をもたらすものの、プレイヤー個人にとっては良い側面も見出せる。今まで確認してきたビッグイベントの数々（日本国財政破綻、世界金融危機、自然災害、戦争など）は、すべてかなり高確率で発生するが、明確な発生タイミングがわからないため、余念なく準備しておくということが簡単ではない。しかし人口減少問題については、あらゆるデータで先々の有り様が明確に描かれているため、プレイヤーはその状況を先読みし、準備できるのだ。

たとえば、すでに日本における住宅の空き家率は13・5％に達しているが（総務省統計局「平成29年住宅・土地統計調査」）、民間の調査によると、２０２３年には空き家率21・０％、２０３３年には空き家率30・２％に達する（野村総合研究所）。これは東京圏でも例外ではなく、住宅街としてよく知られた世田谷区のマンションの空き家率は現時点においてさえ12・8％に達しているとされる（不動産経済研究所）。

このことが明らかなのだから、冷静な視点を持つプレイヤーならば、現時点で、将来の賃貸人を確保することができないと想定される土地・建物は売り払う選択をするだろう。

また、極端な超高齢社会では逆に盛り上がる業種もあり、葬儀事業に関連するプレイヤーは1・5倍、介護関連従事プレイヤーは倍になるとも予想されている。ニーズがある業種、そして働き方が目に見えて変わっていくことであろう。

こうした先読みを通し、各プレイヤーは今のうちに打つ手を決め、将来の自分のポジションを狙い定めていくべきだ。また、残りのプレイ期間が半世紀以上残っていると予想されるなら、他のサーバに移ってしまうというプレイ戦略も、現実的な打ち手として浮上してくるだろう。

AIによる補正

大筋のところで日本は危うい情勢に陥っていくことは避けられない。

しかしこの状況が、唯一プラスに見込まれる点もある。それは、働き手の不足に陥るため、企業がAIを積極的に導入し、機械化を推し進めていこうとする意欲が高まることだ。この機械化は、今後の日本の産業構造に多大な影響を及ぼすことになろう。日本企業は、超高齢社会で追い込まれるからこそ、積極的に機械化投資を始めていくはずだ。

これほどの超高齢社会がまだ到来していない他の国々では、働き手が余っており、機械化させるコストより、プレイヤーを雇ったほうが低コストで済ますことができる。また、雇用者数を企業が減らすことに対しての、政治的な抵抗も根強いだろう。しかし今後の日本では、機械化へ向けての抵抗力が働かないのだ。

こうした状況により、日本は、世界で最もＡＩ導入・機械化が進む可能性を秘めている。そこで培われた技術力・ノウハウは、日本企業に産業競争力を付けることになるかもしれない。

もっとも、日本企業にそうした競争力が付いたところで、大半のプレイヤーにとっては無関係なことになるかもしれない。メリットを享受できるプレイヤーは、ＡＩ開発に携わっているか、機械の設計・開発に携わっているか、ＡＩ・機械を使いこなす立場にいるか、それに関連した貿易などに携わっているプレイヤーに限定されるであろうからだ。

要するに、機械を製造したり、管理したりする立場にあるプレイヤーには多大なメリットをもたらす可能性がある。一方で、それ以外のプレイヤーは人口減少・超高齢社会の到来によって生じるデメリットをまともに受け止めることになるだろう。

7　革命

パラダイムシフトを覚悟してゲームに臨むべき

トランプゲーム「大富豪」において、革命を起こせる確率は3・43％になるのだという。ワールド全体の視点で見れば、毎年どこかの地域で、その社会のすべてを一変させる革命的な変革が起こっている。およそプレイヤーというものは目先の世界がそのまま継続すると思いがちで、平時の先進国で暮らすプレイヤーはすぐに社会の激動の記憶を忘れてしまうものだ。だがそれゆえにこそ、効率的なプレイを是《ぜ》とする賢明なプレイヤーにとっては都合のよい環境とも言える。

何かのキッカケによって、あらゆる社会にて革命的変革が起こりえるのだという理解と覚悟があれば、あとはいち早く状況を予想して、適切な対処をしていくだけで、右往左往する多くのプレイヤーを尻目に、有利なプレイ環境を実現できるはずだ。こうした未来に対する想像力がプレイヤーの真価を決める。

また、ここで扱う革命とは、革命的変革や、それに相応する大変革など、自らの生活基盤の根幹を破壊し、社会全体を覆してしまうようなパラダイムシフト全般のことを取り扱いたい。本書はあくまでゲームの効率的・網羅的な攻略用スターターブックだから、革命の定義に固執するような味気ない真似はやめておきたい。

日本の巨大な変動はあるのか？

日本でプレイしていると、多くのプレイヤーは、日本には革命的な激動は起こりえるはずもないと思い込みがちだ。日本人プレイヤーの民度は高く、政治も安定していると思いたがっているためだ。しかし実際のところ、近代に入ってグローバルな繋《つな》がりがますます重要になるにつれ、日本にも巨大な変革が定期的に押し寄せるようになってきた。

社会を一変させるような変革を、近代以降、日本では2度経験している。1867年から始まる明治維新、そして1945年の第二次世界大戦敗戦だ。この2つのビッグイベントは、あらゆるプレイヤーの環境、生活、考え方を激変させることになった。

明治維新開始から、第二次世界大戦敗戦までには、78年経《た》っている。近代以降の大変革が起こりえる期間としては、おおよそ、妥当な期間であると想定される。ほとんどの国や地域において、100年間、こうした革命的変革イベントが発生しなかったというほうが極めて稀《まれ》だ。ほぼ確実に何らかのビッグイベントは発生するものであり、そのたびごとにプレイヤーに意識の変革を迫ってくる。

また、このレベルのインパクトには若干及ばないものの、国力を遥《はる》かに超える戦費負担を強いられた1904年の日露戦争、戦後恐慌に追い打ちをかけた1923年の関東大震災、巨大な国富を喪失し失われた20年をもたらした1991年の不動産バブル崩壊、致命的な原発事故により広大な無人地帯を作りだしてしまった2011年の東日本大震災を加える考え方もあろう。

本書においては、次に日本に起こりえる大変革イベントを掲載してきたが、どれもプレイ期間中に非常に高い確率で発生が予想されるものであり、かつまた単発イベントで済むとは限らない。たとえば世界金融危機イベントを経て、大きな規模の戦争イベントに繋がっていく可能性もある。また財政破綻《はたん》や高インフレのイベントが進展中に、自然災害イベントが容赦なく重なる場合も考えられるだろう。

プレイヤーとしては、ゲームワールド全体を通した視点に決して盲目になることなく、淡々とこれらイベント発生に備えるようにしておきたい。

海外の主要国

あらゆる地域でこうしたイベントは逐次起こっている。ここでは、その変革のインパクトが常にゲームワールド全体を揺るがしてきたドイツ、ロシア、アメリカ、中国に絞って、社会の認識を一変させることになった各ビッグイベントについて振り返っておきたい（206ページ表3参照）。こうした認識を深めてゲームワールドに向き合えば、この革命的転換は、プレイ期間にわたって1度、もしくは2度遭遇するのが自然なことであるとの覚悟ができるはずだ。

ドイツ

今後、ドイツにおいて予定されるビッグイベントとしては「ＥＵ崩壊」「ドイツ銀行破綻」などが挙げられよう。今までも、そしてこれからも、ドイツは欧州の台風の目のような存在であり、ゲームワールドのバランスを一変させるインパクトを持っている。

ロシア

すでに実行された２０１４年のクリミア併合に続くものとして、「バルト三国併合」など

ドイツ

1871 年	ドイツ統一
1918 年	第一次世界大戦敗北
1923 年	ハイパーインフレ
1945 年	第二次世界大戦敗北
1989 年	ベルリンの壁崩壊
1993 年	ＥＵ成立

ロシア

1917 年	ロマノフ王朝崩壊、ロシア内戦
1922 年	ソビエト連邦成立
1941 年	ドイツのソ連侵攻
1991 年	ソビエト連邦崩壊
1998 年	ロシア財政破綻

アメリカ

1861 年	南北戦争
1929 年	世界大恐慌
1941 年	第二次世界大戦参戦
1973 年	ベトナム戦争敗北
2001 年	同時多発テロ事件
2007 年	世界金融危機

中国

1851 年	太平天国の乱
1900 年	義和団事変
1912 年	中華民国成立、清朝滅亡
1937 年	日中戦争
1946 年	第二次国共内戦
1949 年	中華人民共和国成立
1966 年	文化大革命
1978 年	改革開放

表３　世界主要国のビッグイベント発生周期

が予想される。その場合、ＮＡＴＯとの戦争に発展するケースも想定でき、第三次世界大戦イベントの引き金を引くことになる可能性もあるだろう。ロシアはこれからも国際政治における反主流派としての重要な役者の立場を担い続けるに違いない。

アメリカ

１８００年代前半まではワールドの周辺国に過ぎなかったアメリカは、内戦を乗り越え、みるみる頭角を現わしスーパーパワーに躍り出た。経済でも軍事でも情報でもあらゆる側面がワールド全体と深く結びついており、ビッグイベントの発生周期が非常に狭まってきている。次のビッグイベントは近い。予想されるのは「世界金融危機・恐慌」であり、やはりその最大の震源地はアメリカにならざるを得ないのだ。

中国

その巨体と膨大な人口ゆえに、動乱が約束された国だ。君主をすげ替えてしまうという易《えき》姓《せい》革命が機能しているプレイ環境だけに、その転換点での争いは血みどろのものになる。重々注目すべきは、それほど権力闘争・内乱への指向性が強いこの国において、１９７８年以来、そこまで大きなビッグイベントが発生しなかったという事実である。ニュースとして注目されるレベルなら、天安門事件、香港返還、四川大地震などはあるものの、バランスを一変させるものではなかった。

それゆえ中国は、1978年以来、その秘めたる巨大なパワーを溜《た》め込んでしまっている状態だと言える。大地震と同じもので、こうしたパワーは必ず溜め込まれているものなのだ。次に中国で起こるビッグイベントは、ワールド全体を揺るがす規模になるに違いない。

事前に100%確実視されるイベントとしては「巨大バブル崩壊」が挙げられよう。1991年の日本バブル崩壊を超える規模になる。

また、100%ではないものの、「共産党政府の崩壊」「内戦突入」なども、プレイヤーは可能性の1つとして折り込んでおかねばならない。「南沙諸島での紛争」「尖閣諸島での戦争」などもイベントとして予想されるもので、それが場合によっては第三次世界大戦イベントの引き金になるかもしれないことだけは把握しておくべきだ。

望むと望まざるとにかかわらず、革命的な大変革、パラダイムシフトは必ず周期的に繰り返されてゆくものだ。

多くのプレイヤーは思い込んでしまっている、平時は続くものであると。だがその姿勢は完全に間違いだ。ビッグイベントが断続的に発生していくバランスこそが、このゲームの真の核心なのだ。ゲームの中心は平時にあるのではなく、それは単なるイベントの幕間の閑散期でしかなくて、本来は、イベントの連続こそがこのゲームそのものなのである。

意識しよう、身構えよう、準備しよう。これら様々なイベントに用意周到立ち向かえるプレイヤーは幸運だ。ゲームの真骨頂《しんこっちょう》を理解し、熱意を持ってイベントに臨めば、歴史に残るような好プレイを成し遂げることができるだろう。

8　シンギュラリティ

AIによる仕事環境の激変　自分の雇用が奪われる可能性——49％

人工知能（AI）に関連して、様々な未来の姿が語られている。ただしAIの定義は曖昧《あいまい》模糊《もこ》としており、その方面は多岐に及ぶ。本書においては、AIの技術的な側面は一切追求しない。本書では、AIの現実的進展に対し、プレイヤーがどのようなスタンスでゲームに臨むのが効率的なのかを確認することに集中しよう。

まず現状を確認するが、現時点においてすでに、コンピューター自身が経験を蓄積して自己成長することが可能になった。データとしての蓄積があり、ルールが明確な分野においては、すでにプレイヤーはコンピューターの及ぶところではない。

一方、曖昧さを求められる分野においては、AIはまだ実用に堪えうるものではない。また、そのAIが学習していないことや、過去に起こっていない事柄については対応することができない。経験的な直感を求められる仕事では、まだまだプレイヤーに分がある。

ただし、実際のところゲームワールドに存在している仕事の半分以上はデータとしての蓄積があるし、ルールを覚えれば誰でもこなせる仕事である。こうしたものがAIにまだすべて置き換わっていないのは、単に、リーダープレイヤーがAIシステムを導入するよりも、サラリーマンプレイヤーを雇用したほうがコストが安いという理由によってだ。もちろんAIシステムのほうがコストが安くつくようになれば、サラリーマンプレイヤーからAIに順次置き換わってゆく。サラリーマンプレイヤーは最も大きな打撃を受けるが、フリーランスプレイヤーやリーダープレイヤーの仕事ですら、AIに置き換えられるものは多い。

そのため、2020年代から急激に進展するAI・ロボットの導入により、現時点で存在しているプレイヤーの仕事の50％程度は消えてなくなるとされている。2015年12月に野村総合研究所が、マイケル・A・オズボーン、カール・ベネディクト・フレイとの共同研究の結果を発表した数字によると、日本においては49％がAIを搭載した機械に代替されるとしている。主要国における喪失する雇用の割合は、アメリカ47％、日本49％、イギリス35％だ。とりわけ日本は労働生産性が低く、ブラック労働の割合が高いため、その多くがAIに代替されてしまうと言えるだろう（野村総合研究所 https://www.nri.com/~/media/PDF/jp/news/2015/151202_1.pdf、オズボーン、フレイ「雇用の未来―コンピューター化によって仕事は失われるのか」）。

勝ち組が世界を統治する

では、生き残るのはどんなプレイヤーなのか？

その答えは簡単だ。AIを使役するプレイヤーの側が優位に立ち、それ以外のプレイヤーたちの多くが脱落する。より具体的に言えば、AI・機械を管理する側（AIを開発するエンジニア、AIの手足となる機械を作る技師、それらの機械を管理するプレイヤー、そしてその周辺に身の置き所を確保するプレイヤー）が、それ以外の人々を統治する構図が鮮明になる。勝ち組となる10％のプレイヤーと、負け組となる90％のプレイヤーに分かれ、この溝は大きく深いものになるだろう。

また、負け組の側90%のなかでも、完全に死に体に追いやられるプレイヤーと、一定のパフォーマンスを発揮することが可能なプレイヤーに分かれてくる。

事務的作業や軽作業に従事しているプレイヤーは、せっかく蓄積したスキル・ノウハウが無価値化する。ほんの少し前まで高収入の代名詞ともいえた弁護士・公認会計士・税理士などすら、事務的作業と蓄積されたデータの参照が主業務である以上、AIにそっくり置き換えることができる。

逆に、クリエイティビティが活《い》かされる分野にいるプレイヤーは、スキル・ノウハウを蓄積すればするほど、相対的に優位なプレイ環境を確保できるに違いない。

いずれにせよあらゆるプレイヤーは、AIの技術的進歩を大前提に、あらゆる時代の変化に対応できるスキルの蓄積を心掛けなくてはならない。

さらなる進化はシンギュラリティへと向かうか?

こうしたAIの進展は、単にプレイヤーの雇用を奪っていくだけの未来には留《とど》まらない。

やがてAIが人間の能力を超え、意識すら持ち、大きな進化の流れのなかで、人類自体に取って変わる新しいプレイヤーになるのではないかとまで予想されている。

ＡＩが人間の能力を超えるタイミングは、シンギュラリティ（技術的特異点）と名付けられている。別名、２０４５年問題とも言われ、現在のコンピューターの進化の遍歴をなぞれば、そのくらいの時期に、ＡＩが人類に取って代わる存在となるだろうとされている。その場合、ＡＩが人類を排除しようとする可能性が十分にあり、プレイヤーの側はそれを阻止する能力を持ち得ないとする興味深い意見もある。シンギュラリティは人類の立場自体が喪失するかもしれないという1つの極点とも言えるだろう。

目下のところ、たしかにＡＩテクノロジーはこのシンギュラリティに向けて順調な歩みを続けているとも言える。グーグルをはじめとする名だたるグローバル企業や、アメリカ国防総省をはじめとする主要国国家機関が、現にＡＩ開発のために膨大な投資を続けている。それゆえに、多くのプレイヤーが想像しているよりも進展は速いだろう。２０４５年どころか、２０２０年代末にはすでにＡＩが人類を超えているだろうと予測する専門家すらいるくらいだ。

こうしたセンセーショナルな未来予想を前にして、プレイヤーは思わず、現行のプレイの何もかもに意味がなくなるのではないかと愕然《がくぜん》とするかもしれない。

しかし一方で、シンギュラリティのような事象は発生しないと考える論者や、または概念自体は認めながらも道のりは遠いと考える専門家も少なくないことを忘れてはならないだろう。たとえば、AIの指数関数的成長をサポートできるだけのハードが用意できない（物理的制約がある）とする意見。たとえば、社会的に無数の人々が失業し雇用環境が激変していくなかで、AI進展へのさらなる投資が冷え込み、シンギュラリティは大きく後ずれするとする意見。たとえばプレイヤーのような本能をAIは自然には持ち得ないから、自動的にAIがプレイヤーを超越するのは間違いだとする意見。

AIの技術的進歩は認めつつも、シンギュラリティの発生にはさまざまなタイプの否定論があるのも事実だ。こうした相反する未来予想が存在することに、多くのプレイヤーは戸惑い、棒立ちになってしまうかもしれない。

あらゆる可能性を採用せよ

こうした場合にもっとも効果的な方法は、中庸《ちゅうよう》を求めることではない。両極の意見を採用するのが最も適切な解答である。

数々のビッグイベントを確率とともにすでに確認してきた。発生確率100％以外のイベントは、発生する可能性も、発生しない可能性もある。このシンギュラリティイベントに限らず、それらも同様に、プレイヤーは両極の意見を採用しておくのが、真に有効なゲームプレイの秘訣《ひけつ》となろう。

量子はあらゆる可能性を同時に採用している。プレイヤーも量子となり、ゲームワールドに溶け込もう。

量子とは、神のデザインしたこのゲームワールドを構成する最小単位である。量子は、プレイヤーがそれを観察するまで、どの可能性に定まるかが誰にもわからない。未来も、この量子と同じだ。未来には揺らぎがあり、あらゆる可能性が同時に実在している。そのとき、その時点にまで時間が進むことで、膨大な可能性の揺らぎから一点が選ばれる。

無数の量子から構成されているこのゲームワールドの本質は、波のように漂う巨大な可能性の塊《かたまり》だ。ゲームワールドにおけるあらゆる可能性が、今ここに、重なり合って実在している。

プレイ期間の間にシンギュラリティイベントが発生し、ゲームワールドは未知のステージに進むことになるかもしれない。AIは社会に浸透していても、シンギュラリティという極点には到達する気配もなく、そのような言葉は死語と化しているかもしれない。現時点では、どちらの可能性もあり、その中間にも膨大なパターンの可能性が存在しているのだから、ひとまずプレイヤーとしては両極の可能性を採用し、自らのプレイ方針にシナリオを組み入れておくべきであろう。

この姿勢は、あらゆるイベントに立ち向かう場合でも、人生全般について考える場合においても、重要な心構えとなる。未来を1点に絞らず、すべての可能性に向けて準備し、臨機応変に、変幻自在な存在となってこのゲームを攻略しよう。さすれば驚くべき状況が目の前に出現しても、他のプレイヤーたちが呆然《ぼうぜん》と立ち尽くすなか、自分は優位かつ楽しいプレイを継続していけるはずだ。

攻略法を手に入れ、なおかつ未来を定めず立ち向かう――一見矛盾するようだが、その矛盾こそがこのゲームをゲームたらしめ、プレイ環境を奥深いものにしてくれている。

量子のように無数の可能性を同時に織り込む揺らぎをプレイヤーが持つ限りにおいて、プレイヤーがＡＩに敗れることはないであろう。

その後――神のゲームデザインを超えて

「はわわ……はわわわわ……」

『攻略本』を読み終えた俺は、恐る恐る部長の顔色を窺《うかが》った。

……これは、ヤバイ。絶体絶命だ。俺が当初考えていたゲームデザインからは懸け離れてしまっている。

プレイヤー1人1人が自分の幸福を追い求めた結果、ホモ・サピエンス全体の文化レベルが上がり、全体の幸福点ハイスコアが更新されていく。それが俺の意図した『人生』のデザインだ。

なのに実際のプレイヤーたちは、信用創造とかいう訳の分からないテクで「お金」リソースを無闇矢鱈《むやみやたら》と増やしてるし、巨大なバッドイベントを意識しながらも、ぜんぜん協調する気がなく、自分1人が成り上がることしか考えてない。ああああ、駄目だあああ。チクショー、俺の美しいゲームデザインがもうグチャグチャだーっ！

「キミさぁ……」

「ひゃ、ひゃいー！　わ、分かってます！」

俺は慌ててまくし立てた。畜生《ちくしょう》、もう知った事か！

「わ、分かってます！　サービス終了ですよね！　ハイ、今すぐ7つのラッパを吹き鳴らしてアナウンスを……。いや～～、もうなんかメチャクチャだし、クソゲーっぽいし、俺ももう終わった方がいいかなー、って！　じ、実はもう次回作も考えてるんですよ！『千年王国』って言って、優良プレイヤーだけを集めて、俺が直接にゲームマスターとして管理を……」

「ちょ、ちょっと、キミ！　落ち着きなさいよ。何慌ててんのよ」

「へっ？」

「ちょっと待ちなさいよ。キミ、クソゲーって言うけどさ、ボク、なんか段々、興味湧いてきたんだよね」

「はっ？」

「ボク、もっかいプレイしてみるよ」

「ファッ!?」

そう言って部長はテクテクと出て行ってしまった。なんだ、何の気紛《きまぐ》れだ？　いや、どーせすぐに戻ってくるに違いない！　戻ってきて、「やっぱりクソゲーだ！」とか言ってサービス中止一直線なんだ！　チクショー、なんなんだよーッ！

……が、それからしばらく経《た》っても部長は戻ってこなかった。

あれ？　アイツ、マジでまだプレイしてんのかな……。これ、たぶん今クソゲーだよな。『攻略本』なんてのも出回っちまったし、みんな自由度を無くして、ゾンビみたいな目で効率プレイをしているに違いない。なのに、なんで帰ってこないんだろ。

俺は首を捻《ひね》った。捻ってから、試しに俺もログインしてみた。

数十年後――。

俺は渋谷の雑踏を歩いていた。

ログインしてみて意外だったのは、思いの他、プレイヤーたちに活気があったことだ。例の『攻略本』はベストセラーとなり、社会状況が変わるごとに何度も版を重ねてアップデートされていったが、あの情報が出回ったことで、特に自由度が損なわれたという雰囲気はなかった。みんな一読して参考にはしつつも、結局は好き勝手に生きている。

むしろ、これまで何となくプレイしてきた点が明確になったことで、いろんなプレイングを試すようになってて、かえって自由度は上がっているのかもしれない。

「いらっしゃいませー」

「並1つ」

俺は行きつけの牛丼チェーンに入って、いつものやつを頼んだ。給料日まであと3日。財布には100万円札が1枚しかない（インフレのせいでたいした金額ではない）。

「結婚イベントも全然発生しねえな……」

紅しょうがを丼に落としながら愚痴《ぐち》る。おかしい、俺はゲームルールを全部把握してるはずなのに。未《いま》だに「性交渉」も実績解除できていない。

そう思いながら牛丼をかっこんでいると、ティアドロップサングラスをかけた、やけにブリンブリンな男が入店してきて、俺の隣にドカンと腰を下ろした。十指全てにゴールドやダイヤの指輪を付けた厭味《いやみ》ったらしいやつだ。牛丼チェーンに似つかわしくないその客を俺がジロジロ見ていると、男が急にバシンと俺の背中を叩《たた》いた。

「痛っ⁉」

「キミィ〜、久しぶりだね〜〜。ガハハーッ！」

そう言って男がサングラスを取った。えっ、ちょっと待て！　コイツ……ぶ、部長っ⁉

えっ、ていうか、こんなキャラだったたっけ……？

部長が十指の指輪を輝かせつつ特盛り牛丼をかきこみ始めた。

「いや〜〜。昨年の金融危機で儲《もう》かっちゃってさぁ〜〜。プレイヤーが勝手に作った信用創造ってやつさ、とんでもないペテンだと思ってたけど……ガハハ！　フィーバーすると美味《おい》しいモンもんだねェ〜、ガハハハーッ」

聞いてもいないのに自慢げに喋《しゃべ》りまくる。なんでも今は膨らんだカネをトレードに注《つ》ぎ込み、さらに膨らませているとか……。

「な、なんか楽しんでるんスね。まあ、結構なことで……」

「いやー、昔、ログインした時より全然楽しいねー。ていうか、キミが意図してたゲームデザインより現状の方がイイ気がするよ！」

「えっ！」

「キミのゲームデザインさあ。なんか射幸心《しゃこうしん》に欠けるんだよねえ。こう、ドッカーンってのが無いっていうかさ。だからさ、今の方がドッカン、ドッカンしてるよねぇ！　デリバティブ、サイコー！」

「はぁ……」

部長がドッカン、ドッカンしてる裏で一体どのくらいのプレイヤーが泣きを見ているのだろうか。

「じゃあ、まあ、とにかく結構楽しめてるんですね。なら良かったです。俺も、スコアは全然ヘナチョコなんですけど、これはこれで楽しいかな、意外とクソゲーでもないよな、って思ってたところで……」

「いや、クソゲーはクソゲーだよ」

「えっ！」

部長が俺の目を見て真顔で言った。

「初期ボーナスのランダム性はやっぱ高すぎるし、チュートリアル期間クッソだるかったし、リソースの変換効率も普通にやったら悪すぎるし、バッドイベントも凶悪すぎるし……」

「は、はぁ……」

「でもさ！」

特盛り牛丼を美味《うま》そうに平らげた部長が、親指を立て、ニッと笑った。

「クソゲーだけど！　ま、これはこれでイイんじゃない！」


（完）

chikuma primer shinsho

ちくまプリマー新書286
リアル人生《じんせい》ゲーム完全攻略本《かんぜんこうりゃくぼん》

二〇一七年十月十日　初版第一刷発行

著者　架神恭介（かがみ・きょうすけ）、
至道流星（しどう・りゅうせい）

装幀　クラフト・エヴィング商會

発行者　山野浩一

発行所　株式会社筑摩書房
東京都台東区蔵前二-五-三　〒一一一-八七五五
振替〇〇一六〇-八-四一二三

印刷・製本　中央精版印刷株式会社

ISBN978-4-480-68989-4 C0295 Printed in Japan

乱丁・落丁本の場合は、左記宛にご送付ください。
送料小社負担でお取り替えいたします。
ご注文・お問い合わせも左記へお願いします。
〒三三一-八五〇七　さいたま市北区櫛引町二-六〇四
筑摩書房サービスセンター　電話〇四八-六五一-〇〇五三